GOLDMANN

D1925536

Buch

Die Einführung der Koedukation an deutschen Schulen in den sechziger und siebziger Jahren wurde als ein wichtiger Schritt zur Gleichberechtigung von Mann und Frau gefeiert und mit hohen Zielen und Erwartungen an den weiterführenden Schulen eingeführt. Doch leider sieht es so aus, als hätten sich diese Hoffnungen nicht erfüllt. Mädchen werden durch den gemeinsamen Unterricht mit Jungen benachteiligt und sogar in alte Rollenmuster gedrängt – genau wie auch die Jungen die alten Klischees weiterleben. Dazu tragen auf alten Geschlechtsrollen basierende Bücher, die auf bestimmte Lehrmethoden fixierten Lehrer, veraltete Lehrpläne und natürlich auch wir selbst als Eltern und als Mitglieder der Gesellschaft bei.
Theresia Maria de Jong hat sich in deutschen Schulen umgesehen und berichtet über ihre Beobachtungen. Sie weist nach, wie Mädchen heute immer noch durch den »heimlichen Lehrplan« benachteiligt werden, und zeigt Konsequenzen für eine zukünftige Gestaltung von Schulen und Lehrplänen auf.

Autorin

Theresia Maria de Jong, Mutter zweier Kinder, ist als freie Journalistin für verschiedene Zeitungen und Zeitschriften tätig. In dem vorliegenden Sachbuch verarbeitet sie eigene Erfahrungen, intensive Recherchen und wissenschaftliche Forschungsergebnisse.

Theresia Maria de Jong

Eigentlich sind Mädchen stärker

Wie Schule und Gesellschaft aus starken Mädchen das »schwache Geschlecht« machen

GOLDMANN VERLAG

Originalausgabe

Umwelthinweis:
Alle bedruckten Materialien dieses Taschenbuches
sind chlorfrei und umweltschonend.
Das Papier enthält Recycling-Anteile

Der Goldmann Verlag
ist ein Unternehmen der Verlagsgruppe Bertelsmann

Originalausgabe November 1995

Umschlaggestaltung: Design Team München
Satz: Uhl + Massopust, Aalen
Druck: Presse-Druck Augsburg
Verlagsnummer: 12645
Lektorat: Sabine Schubert
ss · Herstellung: Sebastian Strohmaier
Made in Germany
ISBN 3-442-12645-2

1 3 5 7 8 10 8 6 4 2

Inhalt

1. Vorwort

Die gemeinsame Erziehung von Mädchen und Jungen in der Schule – die Koedukation – wurde insbesondere in den sechziger Jahren als wichtiger Schritt zur Gleichberechtigung von Mann und Frau gepriesen. Mit hohen Zielen und Erwartungen wurde sie auch an weiterführenden Schulen eingeführt. Die Benachteiligung von Mädchen sollte aufgehoben werden, und stereotypen Rollenbildern sollte es an den Kragen gehen.

Leider sieht es so aus, als hätten sich diese hehren Hoffnungen nicht erfüllt. Ganz im Gegenteil: Der Schuß ging nach hinten los. Mädchen werden – gerade in der Pubertät, die ohnehin mit einem sinkenden Selbstbewußtsein einhergeht – viel zu schnell von den Jungen untergebuttert. Eine wahre Flut von Fachveröffentlichungen deklariert, daß festgeschriebene Geschlechterrollen und Benachteiligung durch den gemeinsamen Unterricht offenbar nicht aufgehoben, sondern eher sogar verstärkt würden. So lernten die Mädchen schon früh, sich anzupassen und Rücksicht zu nehmen. Sie sollen nett, fleißig und kooperativ sein und ihre Klassenkameraden nicht bloßstellen. Passives Verhalten werde unterstützt. Dementsprechend gelten sie auch als langweilig, phantasiearm oder weniger intelligent. Ist ein Mädchen »gut« in der

Schule, wird dies meist auf ihren Fleiß und ihre Sorgfalt zurückgeführt. Hat ein Mädchen schlechte Noten, gilt es als dumm, der Junge lediglich als faul. Die Jungen nehmen durch ihr auffälliges Verhalten weit mehr Raum ein und erscheinen interessanter und intelligenter. Sie werden häufiger aufgerufen und mehr beachtet – sowohl in Form von Tadel als auch von Lob. Um die »Störfälle« der Jungen in Grenzen zu halten, werden ihre Interessen im Unterricht stärker berücksichtigt als die der Schülerinnen.

Doch ziehen auch die Jungen nicht nur Vorteile aus dem gemeinsamen Unterricht. Auch ihre Rollen werden unbeabsichtigt festgeschrieben: Schwäche oder Angst dürfen sie nicht zeigen, Hilfe nicht erbitten. Männliche Überlegenheit muß demonstriert werden. Um nicht als Angsthase oder Schlappschwanz gebrandmarkt zu werden, wenden die kleinen Männer auch schon einmal körperliche Gewalt an. Opfer sind nicht selten die Mädchen.

Bei genauerer Betrachtung wird auch deutlich, daß die Schul- und Unterrichtspläne von den Zielen der Koedukation nur wenig beeinflußt wurden. Unterrichtsziele für Jungen wurden einfach auf die Mädchen übertragen. Eine Befragung über die Einführung der Koedukation an nordrhein-westfälischen Gymnasien legt die Vermutung nahe, daß sich die Vorbereitungen hauptsächlich auf organisatorische und bauliche Maßnahmen – wie die Schaffung der Mädchen- und Jungentoiletten – beschränkten. Die Lehrpläne und Methoden blieben weitgehend unverändert. Mädchen wurden neutral »Schüler« genannt, und ihre Erfahrungen, Sichtweisen und Interessen blieben unberücksichtigt. Hier liegt wohl ein Grund (unter anderen) dafür, daß Mädchen in den Naturwissenschaften und

Mathematik schlechter klarkommen als Jungen, die in diesen Fächern meist den Unterricht völlig dominieren. Beispiel Schulbuch: Die Geschichte der Evolutionstheorie endet als höchste Stufe der Schöpfung noch immer mit einem Mann. »Was soll aus einem Affen auch anderes werden?« kommentierte süffisant eine Schülerin in einer Berliner Ausstellung zum Thema Koedukation. Und im Mathematikbuch eines großen Schulbuchverlages kommen Frauen nur als Schlagersängerin oder Garderobenfrau vor, Männer dagegen sind Landwirt, Vertreter oder Seeräuber – alles mögliche. Dies zeigt, daß schon allein durch den Lernstoff das naturwissenschaftlich interessierte Mädchen in die Welt der Männer gedrängt wird.

Diese Erkenntnisse sind für Vertreterinnen der Frauenbewegung natürlich nichts Neues. Im Gegenteil: Schon lange beschäftigt sich die akademische Frauenforschung mit den Auswirkungen der Geschlechterfrage auch für die Schule. Im Alltag deutscher Schulen wird das Thema jedoch oft noch als exotisch oder überflüssig abgetan oder ist schlichtweg unbekannt. Auch in der Öffentlichkeit sucht man bislang eine kritische Hinterfragung der Koedukation meist vergeblich. Noch immer wird in einer vordergründigen »Gleichbehandlung« von Jungen und Mädchen das Mittel zur Lösung der Geschlechterfrage gesehen. Dieser sogenannte »geschlechtsneutrale« Ansatz wurde insbesondere in der alten DDR in höchstem Maße durchgesetzt. »Die diskreten Diskriminierungsmechanismen des weiblichen Geschlechts im sogenannten real existierenden Sozialismus blieben weitgehend unerkannt und unerforscht.«[1] Die Frauenfrage galt mit dem »Sieg« der Arbeiterklasse als »gelöst«. Wenn wir ehrlich sind, sieht es bei uns heute kaum besser aus. Irgendwie, so glauben viele, ist die Sache mit der Gleichberechtigung schon geregelt und kann zu den Akten gelegt werden. Was vielerorts fehlt, ist der Blick für die subtilen Benachteiligungen von Mädchen und Frauen.

Auch andere Länder sind nicht frei vom geschlechtsneutralen Denkansatz. Dies wird auch mit als Grund dafür angesehen, daß die vielfältigen Gleichstellungsmaßnahmen in den nordischen Ländern, allen voran Schweden, nicht zu den gewünschten Erfolgen geführt haben. Deshalb wird der Ruf nach einem »geschlechtssensiblen« Ansatz immer häufiger erhoben. Die Frauenforscherin Uta Enders-Dragässer fordert in ihrem Bericht für den Europarat eine Berücksichtigung der Geschlechtsunterschiede und der unterschiedlichen Erfahrungen von Frauen und Männern. Die spezifischen Bedürfnisse von Mädchen müßten in die Curricula und Schulbücher Eingang finden. Mehr Aufmerksamkeit bedürfe darüber hinaus auch die weibliche Erfahrung von Diskrimination, sexuellen Belästigungen und Gewalt.

Die noch immer zum Alltag gehörende, wenn auch meist unauffälliger gewordene Diskriminierung von Frauen beginnt natürlich nicht erst im Arbeitsleben – auch wenn hier die Auswirkungen besonders deutlich zutage treten. Stichworte: Gleicher Lohn für gleiche Arbeit ist immer noch eine Utopie, die Doppelbelastung von Arbeit und Familienleben wird immer noch »selbstverständlich« als reines Frauenproblem verstanden. Die Weichen hierfür werden jedoch früh gestellt. Die Erziehung in der Familie, die Sozialisation in der Gesellschaft und die Verstärkung dieser schleichenden Minderbewertung weiblicher Fähigkeiten durch die Schule gehören dazu. Zur Wehr setzen kann sich nur eine selbstbewußte und von ihren Fähigkeiten überzeugte Frau. Jedoch gerade diese so wichtige Voraussetzung zur Gleichstellung von Frau und Mann, so argumentieren die Frauenrechtlerinnen, werde in der Schule nicht etwa unterstützt, sondern untergraben.

Eine Studie, die in den USA Aufsehen erregte – »Shortchanging Girls, Shortchanging America« –, in Auftrag gegeben und veröffentlicht von der American Association of University Women, scheint diese These zu belegen. Dreitausend Jungen und Mädchen im Alter von neun bis fünfzehn wurden über ihre Ansichten über sich selbst, die Schule, Familie und Freunde befragt. Die Resultate sind in der Tat aufrüttelnd: »Für Mädchen ist der Eintritt in die Pubertät nicht nur durch das Einsetzen der Menstruation und die Veränderung ihres Körpers gekennzeichnet, sondern auch durch den Verlust des Vertrauens zu sich selbst und ihrer Fähigkeiten – insbesondere in Mathematik und den Naturwissenschaften. Weitere Kennzeichen sind eine extrem kritische Haltung gegenüber ihrem Körper und ein wachsendes Gefühl der persönlichen Wertlosigkeit. Trotz aller Veränderungen bezüglich der Frauenrolle in der Gesellschaft, trotz aller Veränderungen im Leben ihrer Mütter werden noch immer viele Mädchen Opfer der traditionellen weiblichen Schemata: ein schlechtes Selbstbild, Selbstzweifel und eine Selbstbeschneidung des eigenen kreativen und intellektuellen Potentials. Obwohl alle Jugendlichen in der Pubertät Verwirrung und einem sinkenden Selbstbewußtsein ausgesetzt sind, sinkt das Selbstbewußtsein der Mädchen stärker als das der Jungen und holt diese nie mehr ein. Mädchen gehen aus der Teenagerzeit mit reduzierten Erwartungen hervor, und sie haben weniger Vertrauen in sich selbst und ihre

Fähigkeiten als Jungen. Mädchen im Teenageralter sind eher den Gefühlen von Depression und Hoffnungslosigkeit ausgesetzt und sind in den Statistiken über Selbstmordversuche viermal so häufig zu finden wie Jungen.«[2]

Auch für Deutschland liegen zahlreiche Forschungsergebnisse vor, die zu ähnlichen Beobachtungen kommen. Inspiriert von der amerikanischen Journalistin Peggy Orenstein, die in ihrem Buch »Schoolgirls« sehr detailliert von der systematischen, gesellschaftlich bedingten und schulgestützten Zerstörung des Selbstbewußtseins von weiblichen Teenagern berichtet, beschloß auch ich, diesen zutiefst beunruhigenden Feststellungen auf den Grund zu gehen.

Der Weg führte mich zurück in die Schule, auch in meine eigene, denn das sinkende Selbstbewußtsein von Mädchen in der Pubertät betraf auch mich selbst einmal. In vielen Forschungsergebnissen konnte ich (zunächst erstaunt, später immer mehr fasziniert) mich selbst entdecken. Meine immensen Schwierigkeiten in den Fächern Mathematik, Chemie und Physik und meine mir noch heute gegenwärtige Angst vor jeder Schulstunde in diesem Fachbereich waren also nicht – wie ich bislang geglaubt hatte – allein auf mein höchst persönliches Unvermögen zurückzuführen, sondern durchaus systembedingt – und sanktioniert. Der Ausspruch »Mädchen brauchen in Mathe und Naturwissenschaften auch nicht so gut (wie die Jungen) zu sein« hat heute noch genauso Gültigkeit wie vor zwanzig Jahren, als ich die Schulbank drückte. Das habe ich erlebt, als ich kürzlich zahlreiche Schulstunden (in breiter Fächerverteilung) in verschiedenen Klassen des achten Jahrgangs an koedukativen Schulen (Gymnasium und Gesamtschule) als stille Beobachterin mitmachte. Eingehende Gespräche mit Lehrern, Lehrerinnen und Schülerinnen bestätigten die Forschungsergebnisse in vielen Bereichen. Meine eigenen Erfahrungen, ebenso wie die naturgemäß zahlenmäßig beschränkten Fallbeispiele an den Schulen, sind selbstredend nicht repräsentativ und können natürlich keine wissenschaftlichen Untersuchungen ersetzen. Deshalb habe ich mich bemüht, hauptsächlich Beobachtungen zu beschreiben, die durch Forschungsergebnisse abgesichert sind. Trotz dieser auf Objektivität gerichteten Bemühungen habe ich das Unterrichtsgeschehen natürlich immer mit meinen eigenen Augen wahrgenommen und auf der Grundlage meiner eigenen Sozialisation beurteilt.

Ein besonderes Anliegen bei der Erstellung des Buches war für mich die Gewährleistung größter Anonymität für die Mädchen und in beschränkterem Maße für die Lehrpersonen, die ich im Unterricht besucht habe. Ich habe alle Namen ausnahmslos geändert. Um den Mädchen keine Schwierigkeiten im weiteren Verlauf ihrer Schullaufbahn zu machen, habe ich mich entschlossen, mehrere Mädchen gleichen Typs in einer von mir konstruierten Person zusammenzufassen, das heißt: Die Begebenheiten sind real, die Personen sind es in dieser Form nicht. Es gibt also weder Nicole, Melanie noch Marie Louise, aber ihre Geschichten und Erlebnisse sind echt.

Ich habe das Buch geschrieben, um auf verborgene Diskriminierungsmechanismen im Schulalltag hinzuweisen und die Sensibilität in der breiten Öffentlichkeit dafür zu erhöhen.

Wenn ich von *den* Mädchen, *den* Jungen, *den* Frauen und *den* Männern spreche, möchte ich damit natürlich nicht zum Ausdruck bringen, daß alle Mädchen, Jungen,

Frauen und Männer gleich sind. Es gibt wie immer Ausnahmen von der Norm. Auch hat sich ohne Zweifel in den letzten Jahren schon einiges in Richtung Gleichberechtigung positiv in Bewegung gesetzt, und viele Mädchen sind sich ihrer Stärke bewußt. Aber gelöst ist die Frauenfrage deshalb noch lange nicht, und viele verkrustete Strukturen sind uns allen so selbstverständlich, daß wir sie als »normal« empfinden. Auf diese verborgenen Mechanismen der Diskriminierung von Mädchen und Frauen möchte ich besonders aufmerksam machen.

Danken möchte ich allen Schülerinnen sowie den Lehrkräften, die mir die Gelegenheit gaben, Schule wieder aus »erster Hand« erleben zu können. Ganz besonderen Dank auch an Lenchen de Boer, die morgens immer so hervorragend auf meinen jüngsten Sohn Jonathan aufgepaßt hat. Das gilt in gleicher Weise auch für Monika Heiken, die im Kindergarten meinem »großen« Sohn Daniel beste Betreuung und Unterstützung gab. Ohne meine Kinder in so guten Händen zu wissen, hätte ich dieses Buch nicht schreiben können. Ein Dankeschön an dieser Stelle auch an Marianne Rosenstiel sowie an Gabi Marks, die beide eingesprungen sind, wenn »Not am Mann« war. So geht mein Dank auch an Daniel und Jonathan selbst – auch wenn sie es noch nicht lesen können –, denn sie haben so manche Stunden ihre Mutter mit einem Computer teilen müssen. Dank und Küßchen meinem Mann Folkert, der jede Seite zuerst gelesen hat, mich mit seiner Kritik weiterbrachte und der mir in den Stunden des Selbstzweifels den Rücken stärkte. Auch meinen Eltern Dank an dieser Stelle. Sie haben das Manuskript mit den Augen »alter« Lehrer begutachtet und mir wertvolle Hinweise gegeben. Zu guter Letzt herzlichen Dank auch meiner Lektorin, Sabine Schubert, die mir Peggy Orensteins Untersuchung zugeschickt hat, und so geistige Mutter dieses Buches ist.

2. Warum Mädchen verstummen: der heimliche Lehrplan

Der Weg zurück

Zurück zur Schule, in mein altes Gymnasium. Etwas nervös war ich schon, noch mehr allerdings gespannt und neugierig. Wie würde es heute dort zugehen? Wie sah es jetzt an dem Ort aus, wo ich immerhin den zweiten Abschnitt meiner Kindheit und den Großteil meiner Jugend verbracht hatte? Welche der »alten« Lehrer und Lehrerinnen waren wohl noch immer da? Würde ich sie und würden sie auch mich wiedererkennen? Der kommissarische Schulleiter, der mir die Erlaubnis zum Schulbesuch gegeben hatte, war »neu«, ihn kannte ich nur telefonisch.

Erstaunlicherweise fand ich sofort einen Parkplatz. Ein gutes Omen, fand ich. Und da waren sie schon, die schier endlos scheinenden Treppen hoch zum Haupteingang. Da die Schule auf einem kleinen Hügel liegt, führt eine wohl knapp hundert Meter lange »Treppenlandschaft« hinauf. Jetzt fielen mir zuerst die neuen, großen, breiten Eisentore am Fuß der Treppe auf. Die gaben dem Ganzen einen ernsten, verschlossenen Eindruck, auch wenn sie, wie jetzt kurz vor der großen Pause, weit offenstanden. Auch das Treppenpflaster war ausgewechselt. Allerdings hatte sich an der Form nichts verändert, und meine Beine nahmen noch ganz automatisch in altvertrautem Rhythmus zwei Stufen auf einmal. Das saß. Allzuweit in die Vergangenheit konnte ich jedoch nicht abschweifen, denn im Hintergrund begrüßten sich zwei Jungen lauthals: »Na, alter Fickarsch, auch wieder da? Wo hast du denn gesteckt, ejh?« Das brachte mich jählings in die Gegenwart. »Man merkt doch gleich, daß es hier jetzt ein paar Jungen mehr gibt«, dachte ich. Zu »meiner« Zeit, waren die Jungen noch deutlich unterrepräsentiert. Erst in meiner Jahrgangsstufe war an dem ehemaligen Mädchengymnasium die Koedukation eingeführt worden – mit einer ganz kleinen Schar von Jungen, die sich an eineinhalb Händen abzählen ließ. Diese ersten Vertreter des anderen Geschlechts wurden zunächst nur in die A-Klassen gesteckt. Dort saßen sie also und wurden zur Sensation der gesamten Schule. Wie froh waren die Lehrer damals, als sie »männliche Verstärkung« bekamen. Ohne individuelle Stärken oder Schwächen zu berücksichtigen, wurden die Jungen sofort »unsere Strategen«. Und wenn wir Mädchen nicht mehr weiterwußten – mit unserem Latein also am Ende waren –, kam ganz selbstverständlich ein Junge dran, um uns zu zeigen, wo es langging. Das ist mir damals nicht so richtig bewußt geworden, obwohl es mich schon geärgert hat. So wie damals in der Grundschule, als ich noch einen kaum zu bändigenden Ehrgeiz im Rechnen an den Tag legte. Damals fühlte ich mich den Jungen im Kopfrechnen durchaus ebenbürtig, wenn nicht gar überlegen. Trotzdem nahm der Lehrer immer die Jungen dran, wenn es kompliziert wurde. Ich konnte mich melden, wie ich wollte, sogar aufspringen, im Zweifel kam ein Junge zum Zug und konnte mit der Antwort glänzen. Im Gymnasium war ich hingegen sehr froh, wenn in Mathe eher die Jungen drankamen, denn ich legte schon lange keinen Wert mehr darauf. Die Mathestunde war zu einer Qual für mich geworden, und ich hätte gerne eine Tarnkappe aufgesetzt, um peinliche Zwischenfälle an der Tafel zu verhindern.

Inzwischen war ich oben angekommen. Wie immer stand vor dem Haupteingang, in unmittelbarer Nähe des »Kommunikationszentrums« für die Oberstufe, von den Schülern despektierlich »KZ« genannt, eine Traube älterer Schüler und Schülerinnen. Sprüher hatten auch vor »meiner« alten Schule nicht haltgemacht – zahlreiche Graffitis prangten an den Mauern. Auch drinnen war die Zeit nicht stehengeblieben. Als wir damals in der fünften Klasse von der Schule Besitz nahmen, war sie fast nagelneu und beeindruckend vornehm: Schiefer- und Marmorfußböden in der Halle und in den Fluren, dazu noch alles frisch gestrichen. Das war einmal. Inzwischen sah es deutlich schäbiger aus, irgendwie kleiner und dreckiger. Die Türen hatten dringend etwas Farbe nötig.

Der Schulleiter sei noch nicht da, informierte mich die Sekretärin, die auch schon zu meiner Zeit Dienst hatte. Anstatt es mir im Besucherzimmer »gemütlich« zu machen, einem höchstens vier Quadratmeter großen Raum mit einem winzigen Tisch, zwei Stühlen und viel nackter Wand, entschied ich mich für einen kleinen Rundgang. Wenn ich die Augen schloß, stand einer Zeitreise nichts mehr im Weg. Es roch noch immer haargenau wie damals. Nie vergessen werde ich allerdings die Tage, an denen unsere Schule geschlossen werden mußte, weil es so penetrant nach faulen Eiern roch, daß es dort niemand ohne Brechreiz aushalten konnte.

Irgend jemand hatte Lappen mit einer stinkenden chemischen Flüssigkeit getränkt und – um voller Eifer der gesamten Schule einen anschaulichen Chemieunterricht zu erteilen – in die Heizungsschächte verteilt. Es dauerte Tage, bis alle Lappen gefunden waren und der Gestank, der zuletzt an Schiffskorridore nach einer stürmischen Überfahrt erinnerte, völlig verschwunden war. Erinnerungen auch auf dem Schulhof (noch mehr neue Eisentore!). Nach einigen fingierten Bombendrohungen, aufgrund derer Suchtrupps der Polizei mit Geigerzählern durch die Schule liefen und wir in Eilmärschen nach Hause geschickt worden waren, entschied die Schulleitung, eine erneute Bombendrohung mit anschließender Raumdurchsuchung auf dem Schulhof abzuwarten, um danach mit dem Unterricht fortzufahren. Ich weiß noch, wie wir dastanden und uns voller wohligem Grusel vorstellten, wie gleich die Schulgebäude vor unseren Augen explodieren und wir von den herabstürzenden Brocken begraben würden.

Keine Inschrift kündete heutigen Schülergenerationen von dem Mut derer, die vor langer Zeit dem nahenden Tod so mutig ins Angesicht geschaut hatten. Statt dessen sprangen mir an den ehemals sauberen, weiß gefliesten Wänden sexistische Schmierereien ins Auge: »Steffi, du Nutte, Steffi, du Schlampe, Steffi Scheide.« Der Hausmeister kam wohl mit der Entfernung dieses Geschmiers nicht mehr nach oder hatte keine Lust mehr dazu. Und so stellte ich mir vor, wie jetzt ein Mädchen namens Steffi jeden Tag an dieser Wand vorbeigehen muß und sich jedesmal ein Stückchen kleiner fühlt. An dieser Wand hatten wir in den unteren Klassen immer versucht, mit mehreren Bällen gleichzeitig zu spielen. Es gongte, und

Schülerscharen stürmten an mir vorbei. Ich schlug den Weg zurück zum Lehrerzimmer ein.

Die Sekretärin machte mich mit der Klassenlehrerin der 8f bekannt. Kurz darauf tauchte auch der Schulleiter auf. Wir einigten uns darauf, die SchülerInnen nicht über den wahren Grund meines Besuches aufzuklären, da ich befürchtete, daß dies ihr Verhalten beeinträchtigen könnte. Erst am letzten Tag meines Besuchs wollte ich ihnen erklären, warum ich die vielen Stunden im Klassenzimmer als Beobachterin verbracht hatte und was mir dabei aufgefallen war. Da in die Schule oft Praktikantinnen und Referendare einer nahen Universität kamen, waren für die Schüler und Schülerinnen fremde Unterrichtsteilnehmer nichts Besonderes. Die meisten Lehrerinnen und Lehrer waren informiert und hatten ihre Zustimmung gegeben. Einige davon hatte ich selbst früher im Unterricht gehabt. Die Klassenlehrerin, Frau Klawitta, wies mich noch darauf hin, daß sie am Tag zuvor eine neue Sitzordnung angeordnet hatte. Die Klasse hatte sich nämlich bei Schulbeginn selbst in Blöcke gesetzt. Auf der einen Seite die zehn Mädchen, auf der anderen fünfzehn Jungen. Dies habe zu enormer Unruhe geführt, berichtete Frau Klawitta, insbesondere auf der Jungenseite sei es hoch hergegangen. Um den Klagen anderer in der Klasse unterrichtenden Lehrkräfte stattzugeben, habe sie schließlich beschlossen, Mädchen und Jungen zu mischen. Sie erhoffte sich dadurch eine bessere Disziplin. Auf meine Frage, wieso sie glaube, daß sich Mädchen und Jungen zunächst in gleichgeschlechtliche Gruppen gesetzt hätten, meinte sie: »Wissen Sie, die Mädchen in dem Alter (so um die vierzehn Jahre) haben ihre ursprüngliche Unbefangenheit verloren, sind aber noch nicht ganz so wild darauf, mit den Jungen engeren Kontakt aufzunehmen.«

Das klang vertraut. Erst kürzlich hatte ich einen Kongreß zum Thema Koedukation, veranstaltet von der Frauenabteilung der Gewerkschaft Erziehung und Wissenschaft, besucht. Dort hatte die Referentin, eine bekannte Kapazität auf dem Gebiet, Maria Anna Kreienbaum von der Universität Dortmund, gesagt: »Mädchen werden als ›Sozialschmiere‹ gebraucht. Sie sollen mithelfen, die Disziplin in der Klasse zu wahren, und die Jungen zu Kavalierverhalten auffordern. Besonders nette Mädchen werden neben rüpelhafte Jungen gesetzt, um sie ruhig zu halten.«

Diese Behauptung schien sich also in der Praxis zu bestätigen. Jetzt war ich noch neugieriger darauf, wie es weitergehen würde. Nun, ich sollte nicht länger auf die Folter gespannt werden. Der Lateinlehrer, Herr Gröder, nahm mich mit in die Klasse 8f. Es konnte also losgehen.

Der heimliche Lehrplan

Zusammen mit Herrn Gröder betrete ich den Klassenraum. Zunächst wird von uns gar keine Notiz genommen. Alle wuseln nach irgendwelchen (für mich nicht durchschaubaren) Regeln durcheinander. Der Lärmpegel ist beträchtlich. Ich suche mir ganz hinten einen freien, total bekritzelten Einzeltisch und setze mich. Herr Gröder stellt sich vorne vor die Klasse und sagt zunächst nichts. Ganz allmählich steuern die Mädchen und Jungen ihre Plätze an. Noch immer ist es laut. Schließlich räuspert sich der Lehrer und sagt: »Guten Morgen, Klasse.« Und im Chor kommt es zurück: »Guten Morgen, Herr Gröder.« Irgendwie erstaunt mich das, denn damit habe ich in diesem Durcheinander schon gar nicht mehr gerechnet. Es erschien mir irgendwie deplaziert, so anachronistisch. »Wir haben heute einen Gast in der Klasse. Frau de Jong wird heute an unserem Unterricht teilnehmen.« Mehr nicht. Mehr war auch nicht nötig. »Ich sehe, ihr habt eine neue Sitzordnung. Na, da bin ich ja mal gespannt.« Worauf er gespannt ist, hat er nicht gesagt. Herr Gröder war einer der Lehrer, die besonders auf eine neue Sitzordnung gedrängt hatten. Der Lehrer ist erst wieder eine Weile still, denn um ihn herum herrscht noch immer große Unruhe. Erst nach einigen Minuten legt sich der Lärm ein wenig, so daß es mit Vokabelabfragen losgehen kann. Von Ruhe kann allerdings noch keine Rede sein. Das verwirrt mich zunächst. Wahrscheinlich lag es daran, daß ich Unterricht in der Schule einfach nicht mehr gewohnt war. Ich mußte erst meinen »Schulschock« überwinden, wie ich später feststellte. Außerdem war es für mich ein krasser Gegensatz zu dem viel ruhigeren Klima, das in meiner eigenen, alten Klasse geherrscht hatte. Vielleicht war es mir damals auch nicht so aufgefallen, weil ich selbst mittendrin war, aber jetzt war die Situation für mich als Außenstehende zutiefst gewöhnungsbedürftig. Doch schon nach einigen Unterrichtsbesuchen fiel mir die Unruhe bei Unterrichtsbeginn kaum noch auf.

Während des Vokabelabhörens habe ich Gelegenheit, mir die Klasse etwas genauer anzusehen. Die Unterschiede im Entwicklungsstand der einzelnen Schüler und Schülerinnen sind beträchtlich. Einige sehen noch aus wie richtige Kinder, andere sind schon auf dem Weg zur Frau beziehungsweise zum Mann. Zwei Mädchen aus der letzten Reihe, die schräg vor mir sitzen, sind besonders auffällig. Beide haben lange, offene Haare und sind modisch bestens ausgerüstet. Juliane trägt hohe, helle Schnürstiefel mit groben Sohlen und macht den Eindruck, als sei sie nicht weiter am Unterricht interessiert. Ihre blauen Augen scheinen durch den Klassenraum hindurchzublicken und auf etwas für mich Unsichtbares gerichtet zu sein. Nur ihre Freundin Sandra neben ihr kann sie bisweilen aus ihren Tagträumen reißen und ihre Aufmerksamkeit auf ein Stück Papier lenken, auf das Sandra zuvor eifrig gezeichnet hat. Ein Heiterkeitsausbruch von Juliane belohnt ihre Mühe.

Derweil nimmt der Unterricht seinen Lauf. Bei der Eigenarbeit herrscht inzwischen eine recht ruhige, kooperative Stimmung. Ein Mädchen aus den vorderen Reihen ruft einem hinten sitzenden Jungen zu: »Hey, Pit, verstehst du das?« Pit geht nicht weiter drauf ein und murmelt nur mürrisch: »Ja, klar.« Der Lehrer läuft reihum und hilft den Schülern und Schülerinnen bei den Aufgaben. Melanie meldet sich, um eine Frage zu stellen. Herr Gröder beachtet sie zunächst nicht, da er gerade damit beschäftigt ist, zwei Jungen etwas zu erklären. Auch einige andere Mädchen melden sich, geben aber bald wieder auf, als sie sehen, daß Herr Gröder zur Zeit nicht darauf reagiert. Nicht so Melanie. Ihr Finger schnalzt durch die Luft, und als noch immer keine Reaktion des Lehrers zu verzeichnen ist, fängt sie an, Laute des Mißmuts von sich zu geben. Leicht irritiert geht Herr Gröder schließlich zu ihr hinüber und fragt nicht gerade freundlich: »Was ist denn los?« Inzwischen fangen Juliane und Sandra an, ihr Geschriebenes in einem Anfall von Frust wie besessen durchzustreichen. Sie steigern sich in einen wahren Kritzelwahn, und Sandra bemalt sich dabei sogar, ohne es zu merken, mit dem Kugelschreiber die Stirn. Juliane weist sie lachend darauf hin. Für einen Moment erstarrt Sandra, wird rot und fängt dann leicht panisch an, sich zu säubern. Nach einer kurzen Pause, in der sich Sandra auch einmal kurz am Unterricht beteiligt, schmeißt Martin kleine Papierkügelchen zu Juliane und Sandra rüber. Diese nehmen den erneuten Zeitvertreib begeistert auf, und im Nu ist eine wahre Papierkugelschlacht im Gange. Auch Jungen auf der anderen Seite der Klasse werden mit einbezogen. Der Lärmpegel ist inzwischen wieder so hoch wie am Anfang der Stunde.

Herr Gröder, ein junger Lehrer in Jeans und schwarzer Lederweste, hat lange Zeit versucht, die Aktivitäten in den letzten Reihen zu übersehen. Jetzt reicht es ihm. Er geht ganz ruhig auf Juliane und Sandra zu und sagt: »So geht das hier ja wohl nicht weiter. Ich fürchte, ich muß noch mal mit der Klassenlehrerin reden.« Martin, der mit der ganzen Papierkugelaktion begonnen hat, schaltet sich sofort ein: »Legen Sie bitte ein gutes Wort für uns ein, damit wir hier wieder wegkommen.« Und sein Tischnachbar fügt hinzu: »Wir kriegen hier nämlich überhaupt keine Ruhe.« Die Jungen auf der anderen Seite der Klasse, die auch kräftig mitgemischt haben, grinsen nur. Die beiden Mädchen sagen nichts zu ihrer Verteidigung, sind aber im weiteren Verlauf der Stunde deutlich ruhiger.

Nach fünfundvierzig Minuten Latein strömen alle nach draußen. Martin gesellt sich zu Herrn Gröder und klagt ihm sein Leid. Er habe die letzten Arbeiten in den anderen Fächern völlig verhauen. Herr Gröders Reaktion: »Wie kommt's, ruhst du dich auf deinen Lorbeeren aus?« Nein, natürlich nicht, aber er wisse auch nicht so genau, woran es liegt. Herr Gröder zeigt Verständnis. Unten an der Treppe verabschiedet sich Martin. Nun klagt Herr Gröder mir sein Leid. Juliane und Sandra seien in letzter Zeit überhaupt nicht mehr am Unterricht interessiert und sackten immer weiter ab. Insbesondere Juliane habe die letzte Arbeit völlig in den Sand gesetzt. »Die hat sich wohl nicht genügend vorbereitet.« Die Sache mit den Papierkügelchen zeige deutlich, daß sie sich für andere Sachen interessierten. Daraufhin erzähle ich ihm meine Beobachtung, daß nicht etwa Juliane oder Sandra mit der Werferei begonnen hätten, sondern vielmehr Martin der Anstifter gewesen sei. »So, so«, lautet sein Kommentar. Am nächsten Tag erfahre ich, daß sowohl Juliane als auch Sandra einen Verweis bekommen hatten, die Jungen aber allesamt straffrei davongekommen sind. Zwei Wochen später werden Juliane und Sandra wieder versetzt, diesmal fast ganz nach vorne.

Juliane und Sandra haben sich in dieser Stunde nicht an die ungeschriebenen Schulregeln gehalten. Mädchen haben still und aufmerksam zu sein. Nicht nur das, sie werden auch unbewußt von den Lehrkräften eingesetzt, bei der Disziplin in der Klasse mitzuhelfen. Störungen der Mädchen werden viel schneller von den Lehrern und Lehrerinnen gerügt und unterbunden als die der Jungen. Das fand ich in vielen anderen Beispielen in den darauffolgenden Schulstunden immer wieder bestätigt. Es gab Situationen, in denen Jungen die ganze Stunde den größten Blödsinn angestellt hatten und kaum mehr als einen sanften Verweis bekamen. Sobald aber ein oder zwei Mädchen anfingen, den Unterricht zu stören, und sei es lediglich durch ein relativ harmonisches Summen einer Melodie, handelten sie sich sofort eine kräftige Ermahnung ein. Es scheint so, als seien die Lehrkräfte äußerst darauf bedacht, sich das Wohlverhalten der Mädchen auf jeden Fall zu sichern, damit diese die Disziplin in der Klasse günstig beeinflussen können.

Insbesondere die sogenannten »stillen Mädchen«, die im Unterricht kaum auffallen, werden im Hinblick auf ihre ausgleichende Funktion nicht genügend geschätzt. »Lehrpersonen nehmen zu wenig wahr, daß die ›passiven‹ Schülerinnen mit ihrer Selbstdisziplin und ihrer ›ruhigen‹ Mitarbeit den Unterricht tragen und erleichtern, weil sie das notwendige Gegengewicht zu den Disziplinlosigkeiten der Jungen herstellen. Lehrpersonen sind sich aber in der Regel darüber hinaus auch nicht im klaren, welchen Hauptteil an Interaktionsarbeit und fachlicher Arbeit die disziplinierten, zurückhaltenden Schülerinnen in der Klasse leisten. Deshalb erhalten sie dafür auch keine fachliche Anerkennung. Sie lernen statt dessen, daß sie mit dieser Lernarbeit die Regeln für angemessenes ›weibliches Verhalten‹ erfüllen, die sie zu beachten haben, wenn sie nicht riskieren wollen oder können, als Außenseiterinnen sozial sanktioniert zu werden«, schreibt die Frauenforscherin Uta Enders-Dragässer.[3]

Zahlreiche wissenschaftliche Untersuchungen zeigen, wie schwer es Lehrpersonen fällt, Mädchen und Jungen gleichmäßig in ihren Unterrichtsstunden zu berücksichtigen. Eine englische Unterrichtsbeobachtung belegt, daß Mädchen im Schnitt achtunddreißig Prozent der Lehrerzuwendung, Jungen hingegen nie weniger als achtundfünfzig Prozent bekommen. Trotzdem beanstandeten die Jungen häufig, daß die Mädchen bevorzugt würden. Auch die an der englischen Unterrichtsbeobachtung beteiligten Lehrer und Lehrerinnen befürchteten, die Mädchen zu sehr in den Vordergrund gestellt zu haben. Genaue Strichlisten der Unterrichtsinteraktion bewiesen jedoch das Gegenteil. Das zeigt, wie ungemein schwer es ist, eigenes Verhalten realistisch wahrzunehmen und zu beurteilen. Dale Spender, die die Untersuchung leitete, kommentiert diesen Sachverhalt so: »Ein Grund dafür ist zweifellos, daß Sexismus so allgemein vorhanden ist und unsere Art, die Dinge zu sehen, so beherrscht, daß wir manchmal gar nicht wahrnehmen, wie sehr unsere Handlungen davon gesteuert werden. Selbst wenn wir meinen, gerecht und fair zu sein, kann es sein, daß der empirische Befund das Gegenteil beweist.«[4]

Hinzu kommt, daß Lehrern und Lehrerinnen im Unterricht oft gar nicht die Zeit bleibt, das eigene Verhalten zu reflektieren, so daß sie meist »aus dem Bauch« handeln. Eine Lehrerin sagte mir einmal am Ende einer Stunde: »Ich war so beschäftigt, daß ich mit Sicherheit längst nicht alles mitbekommen habe, was so abgelaufen ist. Und ich bin im Unterricht so in den Ablauf der Handlung eingebunden, daß ich oft erst hinterher – wenn ich darüber nachdenke – gewisse Dinge, die mein Verhalten Schülerinnen und Schülern gegenüber bestimmen, entdecke.«

Zurück zu meinem »ersten Schultag«. Die nächste Stunde, die ich mitmachen darf, wird von meinem »alten« Deutschlehrer gegeben. Herr Dr. Dr. Albrecht hatte schon zu meiner Zeit den Ruf eines extrem kompetenten, aber auch strengen Lehrers. Ich erinnere mich, daß mir in den unteren Klassen in seinen Stunden oft die Angst im Nacken saß. Herr Dr. Albrecht legt nach wie vor großen Wert auf formelle Dinge (obwohl er sich nicht mit seinem Doktortitel anreden läßt). Rechtschreibung und Grammatik sind ihm sehr wichtig. Damit hatte ich in jüngeren Jahren so meine Schwierigkeiten. Erst später, als zunehmend Interpretationen und Aufsätze den Unterricht beherrschten, wurden meine Leistungen besser.

Im Lehrerzimmer treffe ich ihn wieder. Rein äußerlich hat er sich kaum verändert. Mit großem Erstaunen habe ich registriert, daß das auch auf die meisten anderen Lehrer und Lehrerinnen aus alten Tagen zutrifft. Irgendwie hatte ich mir vorgestellt, daß sie in den letzten fünfzehn Jahren »alt« geworden sein müßten, aber das war ein Fehlschluß. Etwas gealtert sind sie zweifelsohne, aber immer noch deutlich auf den ersten Blick erkennbar und noch immer ihrem eigenen Stil treu. So auch Herr Albrecht. Sichtlich aufgeräumt begrüßt er mich. Natürlich, so sagt er, könne er sich noch an mich erinnern. Auf seine Einladung, auch seine anderen Klassen mit ihm zu besuchen, erkläre ich ihm, daß mir zum einen der achte Jahrgang wichtig sei, um dort die Schülerinnen und Schüler zu Beginn der Pubertät zu beobachten, zum anderen komme es mir darauf an, die Klassen besser kennenzulernen, um mehr über die Verhaltensmuster der Schüler und Schülerinnen zu erfahren. Deshalb wolle ich mich auf eine Klasse konzentrieren. »Schade«, meinte Herr Albrecht, »da kann ich Ihnen ja viele meiner Chaoten gar nicht vorführen. Es ist wirklich enorm, wie unterschiedlich Klassen in ihrem Leistungsniveau sein können.« Herr Albrecht zeigt sich auch durchaus interessiert, mehr über mein Thema zu erfahren. Viel auseinandergesetzt habe er sich mit der Problematik noch nicht. Er habe nur so im Kopf, daß sich »da viel im Unbewußten abspielt«.

Auf in die Klasse. Offenbar hat sich Herrn Albrechts Autorität auch über die Jahre erhalten, denn die Klasse beruhigt sich nach seinem Eintreten recht schnell. Durchgenommen wird »Die Judenbuche« von Annette von Droste-Hülshoff. Zunächst wird eine Textpassage von den Schülerinnen und Schülern im Wechsel laut vorgelesen. Es ist so ruhig, daß man eine Stecknadel fallen hören könnte. Ist das wirklich dieselbe Klasse? Kaum zu glauben, dieser Unterschied. Dann Hausaufgabenkontrolle. Wie zu meiner Zeit muß jede(r) das erstellte Werk vorzeigen, wenn Herr Albrecht die Reihen abschreitet. Da kommen Erinnerungen auf. Mir ist, als sei die Zeit stehengeblieben. Zu genau kann ich mir noch vorstellen, wie es war, als ich meine Hausarbeiten seinem kritischen Auge zur Kontrolle vorlegen mußte. »Hoffentlich hat er nichts auszusetzen«, war damals meine beständige Sorge. Heute ist er in versöhnlicher Stimmung. Aufgrund seiner oft recht scharfen Kommentare schätzen die Schüler und Schülerinnen diesen Gemütszustand besonders. Alle scheinen sich gut vorbereitet zu haben. Nur Pit, der noch vor gut einer Stunde eine rege Beteiligung bei der Papierkugelschlacht aufwies, hat lediglich drei Zeilen zu Papier gebracht. »Das ist wohl etwas dürftig, oder?« ist der Kommentar des Lehrers. Pit gibt sich sofort einsichtig: »Kann ich ja noch ergänzen, wenn Sie meinen.« Beim folgenden Unterrichtsgespräch sind alle mit sichtlichem Interesse dabei. Auffällig ist eine hohe Beteiligung der Mädchen am Unterrichtsgeschehen. Die Mehrzahl der Jungen hält sich etwas zurück. Nur einige wenige, die sich übrigens auch im Lateinunterricht besonders beteiligt haben, sind auch jetzt aktiv. Allerdings wagt es niemand, die Antwort, ohne sich zu melden und ohne »drangenommen« worden zu sein, einfach in die Klasse zu schreien. Auch Juliane und Sandra melden sich häufiger und sind ganz bei der Sache.

Allerdings senkt Juliane oft schon wieder ihre Hand, noch bevor Herr Albrecht jemanden aufgerufen hat.

Es sieht fast so aus, als schaffe die Disziplin in der Klasse den Mädchen einen »geschützten« Raum, in dem sie sich, von ihren Klassenkameraden ungestraft, ausdrücken können. Herr Albrecht führt die Klasse sehr geschickt an Interpretationsversuche über die Personen im Text heran. Er hinterleuchtet die psychologischen Hintergründe und Beweggründe der agierenden »Helden«. Rein objektiv betrachtet, ist es einfach spannend, bei ihm Unterricht zu haben. Auch ich habe meinen Spaß und ertappe mich dabei, auch die Hand heben zu wollen, um etwas zu sagen. Analog zum Gespräch schreibt Herr Albrecht mit seiner gewohnt markanten Schrift die wichtigsten Erkenntnisse in Stichworten an die Tafel und liefert so eine gut verfolgbare Struktur.

Eine Welt der Männer – die Themen im Unterricht und im Lehrbuch

Also kein heimlicher Lehrplan bei Herrn Albrecht? Auf den ersten Blick sieht es ganz danach aus. Allerdings muß auch berücksichtigt werden, *worüber* in der Klasse gesprochen wird. Und in der Mehrzahl ist von Männern die Rede. Auch in der Judenbuche geht es um vorwiegend männliche Probleme. Die einzige Frau, die für den Handlungsablauf Bedeutung hat, ist eine völlig von ihrem Mann und später von ihrem Sohn abhängige Frau, die – obwohl sie vor ihrer Hochzeit im Ort eine geachtete Position einnahm – immer weiter in Hilflosigkeit und Elend versinkt. In der Deutschstunde, die ich mitmachen durfte, lag das Augenmerk auf den psychologischen Dispositionen vom Sohn und dessen Freund. Der Mutter wurde nur Aufmerksamkeit gewidmet, als es um das Verhältnis zu ihrem Sohn ging. »Wie möchte eine Mutter ihren Sohn gerne sehen?« lautete eine Frage im Unterricht. Die Antwort: »stark, selbstbewußt und unabhängig.« Die Schwäche der Mutter wird nicht weiter hinterfragt, ist nicht der Rede wert.

In Büchern und im Unterrichtsstoff bleibt die Welt der Mädchen und Frauen meist unberücksichtigt oder wird nicht von einem patriarchatskritischen Blickpunkt aus beleuchtet. Die Helden und Vorbilder sind Männer in einer Männerwelt. Über herausragende Leistungen von Frauen wird kaum geredet, die der Männer stehen ständig im Vordergrund der Betrachtung.

Die Wissenschaftlerin Maria Anna Kreienbaum beschreibt anhand eines Beispiels aus dem Schulbuch ihres Sohnes, wie sich stereotype Rollenklischees verfestigen und bei der Zementierung der Hierarchie der Geschlechter mitwirken: »Im dritten Schuljahr Mathematik geht es darum, Rangfolgen identifizieren zu können. Neben eher abstrakten Zahlenbeispielen ›67 ist der Vorgänger von 68, 69 dessen Nachfolger‹, wird dieser Umstand am Beispiel der Kölner Oberbürgermeister nach 1945 veranschaulicht. Die Porträts von Adenauer und sechs weiteren Männern sind mit Angabe der Namen abgebildet. Zugehörige Aufgabe ist es, anzugeben, wer wem im Amt vorausging oder folgte.« Maria Anna Kreienbaum beschreibt, was das für Mädchen bedeutet: »Die heimlichen Botschaften dieser Aufgabe sind vielfältig; alle dienen dazu, Macht und Tradition von Männern zu festigen. Die lückenlose Folge im Amt signalisiert: Dieses Amt wird von Männern besetzt. Da dieses Beispiel analog zu einem nicht diskutierbaren Gesetz eingeführt wird – daß 68 auf 67 folgt, wird niemand bestreiten –, heißt das ... : Die Kinder lernen, daß Bürgermeister wie Vater ein Begriff ist, an dem sich die Geschlechtszugehörigkeit ablesen läßt. Damit nicht genug. Oberbürgermeister, und nicht zuletzt Adenauer, sind Politiker, erfolgreich zudem und Führungskräfte. Auch diese drei Attribute bzw. Funktionen werden hier mit ›Männlichkeit‹ – quasi als Voraussetzung – assoziiert.«[5] Nur, so wird jetzt vielleicht die eine oder der andere argumentieren, ist es eine Tatsache, daß die meisten Bürgermeister männlichen Geschlechts sind – traurig, aber wahr. Was kann da ein Schulbuch ändern? Eine sinnvolle Maßnahme schlägt Maria Anna Kreienbaum vor: Eine weitere Aufgabe hätte darin bestehen können, weibliche Nobelpreisträgerinnen der Chemie oder der Medizin chronologisch zu ordnen. Das hätte zudem den Vorteil gehabt, daß hier eine Verbindung zur Naturwissenschaft hergestellt worden wäre. »Denn was haben Kölner Oberbürgermeister mit Mathematik zu tun? Soll damit etwa glaubhaft gemacht werden, daß Mathematik wie Politik Männersache ist?« fragte sich auch Maria Anna Kreienbaum.

Dieses Beispiel verdeutlicht ein inzwischen zwar erkanntes, aber nur punktuell ausgeglichenes Defizit der meisten Schulbücher. Frauen kommen, außer in ihrer Rolle als Mutter oder in typisch weiblichen Berufen (Friseuse, Krankenschwester, Altenpflegerin etc.), kaum vor, schon gar nicht in Vorbildfunktion. Wen wundert es da, daß von knapp fünfundzwanzig Ausbildungsberufen circa achtzig Prozent der Mädchen nur vier Ausbildungsberufe ergreifen: Sie lernen Friseurin, Verkäuferin, Bürogehilfin, Arzthelferin.[6] Die Mädchen der achten Klassen, mit denen ich sprach, konnten mir kein einziges weibliches Vorbild im Bereich der Wirtschaft oder Politik nennen. Dieser Zustand gleicht schlicht und ergreifend einem Vakuum. Wenn sie weibliche Vorbilder nannten, was selten genug der Fall war, so kamen diese meist aus dem privaten, persönlichen Umfeld der Mädchen. Andere Frauen, die Vorbildfunktion übernehmen könnten, sind meist gar nicht bekannt. Woher auch?

Diese Misere ist seit spätestens 1985 auch den Mitgliedern der Kultusministerkonferenz bekannt. Auf Initiative des Senators für Bildung, Wissenschaft und Kunst der Freien Hansestadt Bremen sollte eine Diskussion über die Darstellung von Frauen und Männern in Schulbüchern geführt werden. Bereits 1978 wurde eine Bestandsaufnahme der Darstellung von Mädchen/Jungen bzw. Frauen/Männern in Schulbüchern bei einer Veranstaltung vorgenommen, zu welcher der Bundesminister für Bildung und Wissenschaft einen Kreis von sachverständigen Wissenschaftlern und Sachbuchautoren eingeladen hatte. Dabei wurden die Ergebnisse von Forschungsarbeiten zu dieser Thematik vorgetragen. Die Untersuchungen von Geschichts-, Mathematik- und Englischbüchern ergaben, daß Mädchen und Frauen als Handlungsträger in Schulbüchern stark unterrepräsentiert sind, daß sie vorwiegend in passiven Rollen dargestellt werden und daß sich ihr Tätigkeitsfeld weitgehend auf haushalt- und familienbezogene Aktivitäten beschränkt. In vielen Büchern kämen Mädchen und Frauen quantitativ erheblich seltener vor als Jungen und Männer. Das Verhältnis zwischen Männern und Frauen werde häufig so dargestellt, daß Männer im öffentlichen und im privaten Bereich die Entscheidungen treffen, während die Frauen diese dann im wesentlichen auszuführen haben. Weibliche Identifikationsfiguren fehlten weitgehend. Unzureichend dargestellt werde mithin die Lebenswirklichkeit von Frauen in unserer Gesellschaft, sowohl in Hinblick auf Belastungen und Konflikte als auch hinsichtlich ihrer Teilnahme in der Berufswelt und am öffentlichen Leben.

Diesen Erkenntnissen schloß sich die Enquete-Kommission »Frau und Gesellschaft« des Deutschen Bundestages 1980 an und sprach folgende Empfehlungen aus: In den Medien sowie in Schul- und Lehrbüchern sollte die Darstellung von Mädchen und Frauen nach den Prinzipien der Gleichberechtigung erfolgen. Insbesondere sollte die sich anbahnende positive Entwicklung der Beschäftigung von Mädchen in für sie neuen Berufen in den Darstellungen der Schulbücher angemessen vertreten sein.[7]

Die Umsetzung dieser Empfehlungen muß aufgrund der föderativen Grundstruktur der Bundesrepublik jedoch in jedem Bundesland einzeln erfolgen. Die Länder genehmigen beispielsweise die Schulbücher, die an ihren Schulen zum Einsatz kommen dürfen. Inzwischen gibt es in einzelnen Ländern eine Anzahl von Förderprojekten, und es hat sich am Inhalt der Schulbücher auch schon einiges verändert. Allerdings ist dies natürlich nur auf die neuen Schulbücher beschränkt. Es gibt nämlich eine erhebliche Anzahl von Schulbüchern, die in den siebziger Jahren erstellt wurden und als Neuauflage, von den Kultusministerien genehmigt, immer wieder »neu« erscheinen, auch wenn sich inhaltlich nur wenig verändert hat. Diese alten Schinken werden in Schulen nach wie vor mit Vorliebe eingesetzt, was wohl auch mit der desolaten finanziellen Lage im Bildungsbereich zusammenhängt. Neue Bücher kosten

Geld, und das magere Budget reicht dafür einfach nicht aus. Ich habe von vielen Lehrkräften gehört, daß sich die Schulen ganz einfach keine neuen Bücher zulegen können, weil kein Geld dafür da ist. In welchem Ausmaß diese »Oldtimer« noch zum Zuge kommen, läßt sich nur schwerlich ermitteln, da jede Schule selbst entscheiden kann, welche Bücher sie im Unterricht einsetzt. Von einer Grundschule weiß ich, daß die Sachbücher bereits zwölf Jahre im Einsatz sind. Die frischesten Statistiken in diesem Werk sind aus dem Jahr 1972!

Hinzu kommen rein formelle Schwierigkeiten, das Alter eines Schulbuchs festzustellen. Die Angabe »1. Auflage 1994« bedeutet zum Beispiel noch lange nicht, daß dieses Buch tatsächlich in diesem Jahr zum ersten Mal auf den Markt gekommen ist. Es bedeutet lediglich, daß es sich um die erste Auflage im Jahr 1994 handelt. Das kommt daher, so erklärte mir ein Beamter des niedersächsischen Kultusministeriums, daß Schulbücher auf Nachfrage gedruckt werden. Auf diese Weise kommen jedes Jahr eine beträchtliche Anzahl von Auflagen zustande. Das Jahr der Erstausgabe ist jedoch häufig nicht verzeichnet. Mehr Transparenz in diesem Bereich wäre sicherlich wünschenswert.

In der Bundesrepublik halten sich einmal etablierte Schulbücher oft über Generationen an den Schulen, denn einerseits werden die Bücher in vielen Bundesländern an die Schüler verliehen und im darauffolgenden Schuljahr an die nächste Klasse weitergereicht, zum anderen haben sich Lehrer an Schulbücher gewöhnt und wollen sich nicht alle paar Jahre auf neue Bücher einstellen.

Welch untergeordnete Rolle das Thema Schulbücher

auf Bundesebene spielt, zeigt sich unter anderem auch daran, daß mir auf meine Anfragen Ende 1994 und Anfang 1995 Unterlagen von 1986 zugesandt wurden. Anderes oder besser: neueres schriftliches Material lag zu diesem Zeitpunkt beim Sekretariat der Kultusministerkonferenz nicht vor. Eine Mitarbeiterin des Sekretariats erklärte mir dazu, daß das Interesse an der Schulbuchsituation – das Mitte der achtziger Jahre bei den Bundesländern sehr ausgeprägt war – wieder erloschen sei. Demzufolge sehe auch das Sekretariat keinen weiteren Handlungsbedarf.

Das heißt aber nun keineswegs, daß das Problem der Gleichberechtigung bei den neuen Büchern aus dem Weg geräumt ist. Auch neu zugelassene Bücher sind keineswegs frei von der Fixierung auf die Männerwelt. So zeigt ein 1992 erschienenes Physikbuch für die achte Jahrgangsstufe neunzehn Darstellungen von oder mit Jungen/Männern und nur sechs von Mädchen oder Frauen. Das Verhältnis zwei Drittel Jungen/Männer zu ein Drittel Mädchen/Frauen spiegelt die Situation im Klassenzimmer wider. Auch hier bekommen Jungen zwei Drittel der Aufmerksamkeit. In dem neuen Physikbuch kommen zudem noch sechs Darstellungen von Physikern vergangener Jahrhunderte dazu. Frauen haben an der Erforschung physikalischer Phänomene demnach keinen Anteil gehabt. Handlungsbedarf besteht also auf der Ebene der Schulbücher nach wie vor.

Unter dem föderativen Prinzip im Bildungssektor haben die Frauenbewegung und -forschung häufig zu leiden. Fördergelder sind so stets an Projekte auf Landesebene gebunden, bundesweite Forschungen gibt es nur sehr wenige. Zudem müssen Gesetze und Maßnahmen, die der Gleichbehandlung von Mädchen und Jungen dienen, in jedem Land einzeln verabschiedet werden. Das ist ein erheblicher verwaltungstechnischer Aufwand, den Frauenorganisationen, die meist personell nicht üppig besetzt und zum Teil sogar auf ehrenamtliche Kräfte angewiesen sind, kaum leisten können. All dies hat zur Folge, daß die Bundesrepublik Deutschland im europäischen, aber auch im weltweiten Vergleich, im Bereich der Gleichstellungsmaßnahmen von Frau und Mann fast den Status eines Entwicklungslandes einnimmt, wie Uta Enders-Dragässer feststellt, die sich intensiv auf Europaebene (Europarat, OECD) mit der Thematik beschäftigt.

Die offensichtliche Folge dieser Unterrepräsentanz der Mädchen/Frauen in den Schulbüchern – und damit meist verbunden auch im Unterricht – bedeutet im Umkehrschluß eine Überbewertung der männlichen Leistungen und Erfolge. Jungen fühlen sich so als Teil einer Gesellschaft, in der Männer schon immer klug und mächtig waren. Diese Sicht können sie leicht auf sich selbst übertragen und werden so in ihrem Selbstwertgefühl bestätigt. Gleichzeitig wird es ihnen hierdurch auch erleichtert, in Mädchen/Frauen ein unterlegenes Geschlecht zu sehen. Das äußert sich im Unterricht durch häufige Unterbrechungen, wenn Mädchen etwas vortragen – nach dem Motto: »Alles falsch, kannst schon aufhören!« – oder auch durch abfälliges Buhen eines Jungenchores, was bei Jungenbeiträgen nur ganz selten vorkommt. Diese Beobachtung habe ich selbst bei meinen Schulbesuchen häufig gemacht. Mädchen erfahren dadurch täglich, daß Mädchen/Frauen im Vergleich zu Jungen/Männern meist den kürzeren ziehen und weniger wichtig sind. So wird der heimliche Lehrplan in die Tat umgesetzt. Schließlich fragen sich viele Mädchen, ob sie nicht vielleicht bei der Wahl eines bestimmten Berufes oder einer Ausbildung nicht doch ein zu hohes Ziel gesteckt haben, oder ob sie es nur unter Verlust ihrer Weiblichkeit erreichen können. Zwar würde es heute niemand mehr wagen zu sagen: »Du kannst das nicht, weil du ein Mädchen bist«, aber die Erfahrungen, die Mädchen in der Schule machen, bringen genau das zum Ausdruck.

Gestützt werden diese Beobachtungen durch den minderwertigen Status, den Frauen in der Hierarchie des Bildungswesens bekleiden. Frauen sind hauptsächlich für die jüngeren Kinder zuständig. So sind fünfundneunzig Prozent des Erziehungspersonals im Kindergarten weiblich. Auch in der Grundschule unterrichten noch achtzig Prozent Lehrerinnen, allerdings werden nur sechsunddreißig Prozent der Grundschulen auch von Frauen geleitet. (Was das für Jungen bedeutet, davon später mehr.) Damit ist der Frauenanteil an Schulleitungspositionen hier von allen Schulformen allerdings noch am höchsten. Nur Sonderschulen werden mit immerhin noch fünfundzwanzig Prozent von Frauen geleitet. An allen anderen Schulformen ist der Anteil von Frauen in Führungspositionen verschwindend gering. Besonders kraß sieht es an Hauptschulen aus. Diese werden nur zu acht Prozent von Frauen geleitet. Aber auch an Gymnasien und Gesamtschulen ist die Lage nicht viel besser: Mit zwölf Prozent Schulleiterinnen sind auch hier Frauen in Führungspositionen nur die Ausnahme von der Regel.[8]

Je älter und damit intellektuell anspruchsvoller die Kinder bzw. Jugendlichen werden, je wissenschaftlicher und anspruchsvoller sich die Unterrichtsinhalte gestalten, desto geringer wird der Frauenanteil bei den Lehrenden, beobachtete Maria Anna Kreienbaum. In Sekundarstufe I (bis Klasse zehn) liegt der Frauenanteil bei fünfzig Prozent, wobei er bei den Schulleitungspositionen nur zehn Prozent beträgt, um in der Sekundarstufe II (bis zum Abitur) auf sechsunddreißig Prozent gesunken zu sein. Insbesondere in naturwissenschaftlichen Fächern ist der Frauenanteil besonders niedrig. Nur zwölf Prozent Frauen unterrichten beispielsweise in Sekundarstufe II Physik. Noch krasser ist das Geschlechterverhältnis an deutschen Universitäten. Dort sind nur fünf Prozent der Professoren Frauen.[9] Mit dieser Beteiligungspyramide sind für Maria Anna Kreienbaum weitere Implikationen verbunden: »Das Stundendeputat ist höher, der Verdienst und das Ansehen geringer, je niedriger die Altersstufe der Kinder ist... Der niedrige Status von Frauen in der Schulhierarchie signalisiert den Schülerinnen wie den Schülern, daß Frauen weniger wichtig sind als Männer. An vielen Schulen fehlen den Schülerinnen starke Frauen als Vorbilder.«[10]

Auch mit der Sprache hapert es. Noch immer ist es üblich, daß weibliche Formen bestimmter Wörter in der deutschen Sprache kaum angewandt werden. Ein »Doktor« wird noch immer zunächst für einen Mann gehalten, wenn nicht das explizite Wort »Frau« Doktor auf ein weibliches Wesen aufmerksam macht. Ähnlich kommen Schülerinnen in offiziellen Texten, wie beispielsweise Gesetzen, nicht vor. Dazu merkte Vera Slupik bereits 1984 an: »Als Problem der Rechtssprache allein läßt sich jedenfalls nicht abtun, daß in den Schul- und Schulverfassungsgesetzen durchgängig von ›Schülern‹ die Rede ist, also Schülerinnen explizit nicht erwähnt werden. Sieht man es streng formal, so liegt hier eine direkte Diskriminierung in Form der Nichterwähnung vor.«[11]

All dies hat zur Folge, daß der Unterricht sowie dessen Inhalte jungenorientiert geplant und durchgeführt werden. Dies geschieht natürlich auch analog zur patriarchalen Ordnung in der Gesellschaft im allgemeinen. Mädchen fällt es daher gar nicht immer auf, daß und wie sie benachteiligt werden. Doch selbst wenn sie es merken, hält sie oft die Angst, für unweiblich gehalten zu werden, davon ab, sich dagegen zur Wehr zu setzen. Statt dessen verstummen viele Mädchen lieber.

3. »In Physik sind Jungen einfach besser«

Die Mädchen sitzen hinten

»In Physik sind Jungen einfach besser«, verriet mir Nicole. Offensichtlich hatte sie keine Probleme mit dieser Feststellung. Die Dominanz des männlichen Geschlechts auf dem Gebiet der Naturwissenschaften ist in den Köpfen von Schülerinnen und Schülern fest verankert. Die Jungen sind zudem sehr stolz darauf. Zeigt es doch in ihren Augen, daß sie in den Fächern, bei denen, wie sie meinen, Intelligenz eine große Rolle spielt, ihre Triumphe feiern und damit selbst aufgewertet werden. Bei einer Befragung im Anschluß an einen mehrwöchigen Versuch, Mädchen und Jungen in Physik getrennt zu unterrichten, meinte ein Junge arrogant: »Ich nehme an, daß bei den Mädchen das Niveau wohl etwas niedriger war.«

Selbst bei vielen Lehrkräften macht sich diese Annahme noch immer im Unterricht bemerkbar. Zahlreiche Unterrichtsauswertungen haben ergeben, daß Mädchen bei Versuchen meist die Rolle der Assistentin übernehmen, während ein Junge den Versuch durchführt. Schwierige Fragen werden Mädchen von vorneherein nicht zugemutet. Selbst im Biologieunterricht, dem die Mädchen von allen naturwissenschaftlichen Fächern meistens noch das größte Interesse entgegenbringen, stellte ich im Verhalten der Mädchen und Jungen in der 8f Unterschiede zu den anderen Fächern fest. Biologie findet in einem gesonderten Klassenraum statt. In diesem Fall ist es der Chemieraum, weil der »echte« Biologieraum von den Schülern und Schülerinnen eines höheren Jahrgangs besetzt ist. Ganz kraß fällt mir die Sitzordnung auf. Hier sind sie noch intakt, die vielzitierten Blöcke. Auf der rechten Seite nur Jungen und auf der linken Seite – allerdings exklusiv auf die hinteren Reihen beschränkt – die Mädchen. Die Schülerinnen beteiligen sich deutlich weniger als in anderen Fächern. Bei einer Verständnisfrage eines Mädchens fängt die ganze Jungenseite an zu buhen. Dasselbe geschieht, als ein Mädchen eine Antwort gibt, die schon einmal gefallen ist. Der Lehrer bevorzugt beim Aufrufen recht eindeutig die Jungen. Selbst wenn sich Mädchen melden, werden zunächst die Jungen »bedient«. Juliane und Sandra sitzen in der letzten Reihe und bemühen sich, nicht weiter aufzufallen. Sie melden sich kaum und werden auch vom Lehrer nicht beachtet. Die Jungen sind mit Interesse dabei und melden sich wie wild. Auffällig ist auch die Raumausstattung. Während sich die »normalen« Klassen in einem bedauernswerten Zustand befinden – Farbe bröckelt von den beschmierten Wänden, Fenster sind zum Teil erblindet, Vorhänge existieren nur noch höchst selten –, so ist der Chemiesaal neu gestrichen und picobello in Schuß. Obwohl die Drehstühle zur Freude der Schüler nervenaufreibend quietschen und die Tische auch nicht mehr alle ganz fest verankert sind, ist doch deutlich zu spüren, daß dem Chemieunterricht, rein vom Ambiente her, von der Schulleitung ein größeres Gewicht zugestanden wird als anderen Fächern.

Die Mädchenschule als Lösung?

Gerade in den Naturwissenschaften kommen die Geschlechtsunterschiede besonders stark zum Tragen. Die Wissenschaft stellt sich in diesem Zusammenhang die Frage, ob Mädchen, die auf reine Mädchenschulen gehen, sich in diesen Fächern anders verhalten und höhere Leistungen erbringen als Mädchen koedukativer Schulen. Diese sogenannten schultypvergleichenden Untersuchungen wurden in Australien, Neuseeland, den USA, Kanada, Nigeria, Thailand, auf Barbados, in Großbritannien und auch in der Bundesrepublik durchgeführt. Friederike Holz-Ebeling und Sabine Hansel von der Universität Marburg haben untersucht, ob die aus anderen Ländern häufig berichteten Vorteile für Schülerinnen aus Mädchenschulen gegenüber Schülerinnen aus koedukativen Schulen – insbesondere im mathematisch-naturwissenschaftlichen Bereich – auch in der Bundesrepublik Deutschland nachweisbar sind.[12] Da staatliche nicht koedukative Schulen in Deutschland extrem selten sind, fanden die Untersuchungen für die Studie an katholischen Privatschulen statt. Untersucht wurde die gesamte Jahrgangsstufe zwölf von vier staatlich anerkannten, katholischen Privatschulen in Hessen. Zwei der Schulen waren reine Mädchenschulen. Es wurden an allen Schulen insgesamt dreihunderteinundvierzig Fragebögen ordnungsgemäß ausgefüllt. Es zeigte sich bei der Auswertung, daß Schülerinnen der Mädchenschulen in der Tat höheres Interesse an Technik und Naturwissenschaften sowie Mathematik angaben als Mädchen der koedukativen Schulen. Mathematik erreichte bei den Mädchen Werte auf der Beliebtheitsskala, die denen der Jungen entsprachen, in Technik und Naturwissenschaften lagen die Werte der Mädchen zwischen denen der Schüler und Schülerinnen koedukativer Schulen. Beachtenswerterweise sind die Schülerinnen der Mädchenschulen von ihren eigenen Fähigkeiten auch überzeugter als Mädchen koedukativer Schulen. Allerdings erreichen auch sie nicht die hohen Werte der Jungen. Auch bei der Wahl der Ausbildungswünsche zeigen sich die Schülerinnen der Mädchenschule eher geneigt, frauen»untypische« Wünsche anzugeben. Bei einer Zusatzauswertung der nicht im Fragebogen vorgegebenen Studienfachwünsche zeigte sich, daß nur acht Prozent der Mädchen aus koedukativen Schulen naturwissenschaftliche Fächer oder Mathematik angaben, aber siebenunddreißig Prozent aller Nennungen aus Mädchenschulen auf die Fächer Chemie, Mathematik, Informatik, Biotechnologie, Geologie und Biochemie entfielen. Beachtung verdienen auch die Auswertungen im Bereich Ursachenzuschreibung bei Erfolg und Mißerfolg in der Schule. Die untersuchten Schüler hielten ihre Erfolge – in weit höherem Maße als beide Schülerinnengruppen – ihrer »Veranlagung« zugute. Mißerfolge hingen ihrer Meinung nach hingegen mit Faulheit (Mangel an »persönlichem Einsatz«) zusammen, aber weniger mit zu hohen Anforderungen, die sie nicht erfüllen konnten. Zu der Feststellung, daß Mädchen vom Besuch reiner Mädchenschulen profitieren können, koedukative Unterrichtung also Nachteile für Mädchen haben kann, merken die Autorinnen allerdings auch an: (Dies) »heißt nicht zu behaupten, daß nichtkoedukative Beschulung nur Vorteile und koedukative Beschulung nur Nachteile für sie (die Mädchen) hat. Der vorliegenden Untersuchung liegt nicht nur eine begrenzte Variablenauswahl zugrunde, sondern es wurden auch gezielt gerade solche Variablen ausgesucht, in denen eher günstige als ungünstige Effekte von Mädchenschulen zu erwarten waren«.[13]

Zu ähnlichen Ergebnissen kommt auch Maria Anna Kreienbaum, die untersuchte, was Abiturientinnen aus ihrem Abitur gemacht haben. Befragt wurden Absolventinnen einer staatlichen reinen Mädchenschule und eines koedukativen Gymnasiums in Nordrhein-Westfalen. Fazit der Studie ist, daß Mädchen der Mädchenschule eher technische oder ingenieurwissenschaftliche Fächer studierten, ihr berufliches Engagement größer war, daß sie mehr Selbstbewußtsein entwickelten und leistungsfähiger waren.[14]

Heidy Wienekamp, die in ihrer Doktorarbeit Erklärungsansätze für das schlechte Abschneiden von Mädchen in Chemie und ihr Desinteresse an diesem Fach bis ins Detail untersuchte, beschreibt auch mehrere schultypvergleichende Studien, welche die oben zitierten Ergebnisse bestätigen. Worauf dies allerdings zurückzuführen ist – ob die Mädchen an Mädchenschulen besser in Naturwissenschaften gefördert werden oder ob sie an koedukativen Schulen von den Jungen, den Lehrern oder den Lehrinhalten unterdrückt werden –, kann Heidy Wienekamps Meinung zufolge zur Zeit nicht beantwortet werden. Die von ihr zitierten Daten legen allerdings nahe, daß Mädchen ein größeres Interesse an Naturwissenschaften entwickeln können, wenn sie nicht in Konkurrenz zu Jungen stehen und somit die Fächer nicht als typische Jungenfächer ansehen.[15]

Allerdings sind auch Jungen nicht ganz so begeistert von Physik und Chemie, wie es jetzt vielleicht den Anschein hat. Heidy Wienekamp zitiert eine Reihe von Studien, die belegen, daß auch bei den Jungen die naturwissenschaftlichen Fächer in der Beliebtheit – bis auf eine Ausnahme – stets die hintersten Plätze einnahmen. In allen Untersuchungen wurde jedoch klar, daß Mädchen Chemie und Physik noch bei weitem negativer beurteilten als Jungen.[16]

Das Scheitern beginnt im Kopf

Wenn ich mich an meine Schulzeit erinnere, so zählt die Zeit, die ich im Chemie- bzw. Physik- oder auch Mathematikunterricht zugebracht habe, sicherlich nicht zu meinen Sternstunden, ganz im Gegenteil. Mir zog sich der Magen zusammen, wenn eines dieser Fächer auf dem Stundenplan stand. Durch meine recht frühe Ablehnung und damit auch Selbstaufgabe im Mathematikunterricht glaubte ich auch in den Naturwissenschaften nicht klarkommen zu können, denn dort wurde schließlich mathematisches Grundwissen vorausgesetzt. Diese Angst und Scheu vor Mathe wurde nur kurz in der siebten und achten Klasse durch einen Lehrer durchbrochen, der erstaunlicherweise an meine verborgenen Fähigkeiten glaubte und diese tatsächlich an den Tag brachte. Sehr zu meiner eigenen Verwunderung schrieb ich bei diesem Lehrer auf einmal sogar Einsen in Mathe. Das hätte ich niemals für möglich gehalten, denn bei vorhergehenden Lehrern war ich stets bemüht gewesen, mit Ach und Krach eine Vier zu halten. Diese Erfolgsphase war allerdings auf die Bemühungen des Lehrers und sein Vertrauen in meine Leistungsfähigkeit zurückzuführen, an die ich selbst nicht mehr glaubte. Heute weiß ich, daß dem

Leistungsabfall in Mathe im allgemeinen ein verringerter Glauben an die eigene Leistungsfähigkeit vorausgeht, wie Untersuchungen belegt haben. Unser Mathelehrer lud vor Klassenarbeiten nicht selten sogar die gesamte Klasse zu sich nach Hause zum Üben ein. Nicht auszudenken, was passiert wäre, hätte ich diesen Lehrer länger als zwei Jahre behalten können! So rutschten nach dem Lehrerwechsel meine Leistungen innerhalb weniger Monate wieder stetig gegen fünf, um dort zu bleiben. Mathematik war für mich ein verlorener Fall, auf den ich auch keine Energie mehr »verschwenden« wollte. Es war ja in meinen Augen sowieso sinnlos. Da halfen auch nicht die zahlreichen Nachhilfestunden, die ein Student der Mathematik auf mich verwandte. Meine Bemühungen kreisten nur um das Bestreben, nicht sitzenzubleiben. In den Jahren, in denen wir in den zwei »harten« Naturwissenschaften, sprich: Chemie und Physik, unterrichtet wurden, glich mein Schulleben einem Kampf gegen den Abstieg. Gewonnen habe ich den Kampf nur durch verschiedenste Abschreib- und Schummeltechniken. Meine Lücken klafften so weit und tief, sie glichen der Unendlichkeit der Ozeane. Erst in der Oberstufe konnte ich mich durch geschickte Leistungskurswahl von den Qualen der »harten« Naturwissenschaften befreien. Biologie wurde meine Alibinaturwissenschaft – sogar mit Erfolg. Auch in den anderen Fächern gehörte ich durchaus zu den »guten« Schülerinnen. Mein Versagen in den Naturwissenschaften klammerte ich bei inneren Selbstbewertungsübungen stets aus. Mathe, Chemie und Physik zählten nicht für mich. Zugute kam mir auch der oft gehörte Trost: »Mathe und Naturwissenschaften sind halt nichts für Mädchen.« Auch wenn ich zu keinem Zeitpunkt ernsthaft daran glaubte, denn ich hatte sowohl in meiner Klasse als auch zu Hause mit meiner Mutter genügend Gegenbeispiele zur Hand, so erwies sich diese Argumentationsschiene doch als sehr bequem. Ich war überzeugt, daß naturwissenschaftliches, induktives Denken für mich persönlich nichts war. Nicht weil ich ein Mädchen war, sondern weil ich eben ich war, kam dieser analytische, schrittchenweise vorgehende Denkansatz für mich nicht in Frage.

Sind gute Leistungen in Mathe und Co. unweiblich?

Aber ich war nun mal ein Mädchen. Und mit mir hatten und haben ganze Heerscharen von Mädchen Probleme mit naturwissenschaftlichen Fächern. Auch Isabell hat Angst vor der Mathestunde. Sie knetet verlegen die Hände, als sie mir von ihren Qualen im Matheunterricht berichtet: »Es ist wirklich zum Auswachsen, aber ich verstehe Herrn Müller (den Mathelehrer) einfach nicht. Der stellt sich da vorne hin, und ihm ist schon immer von vorneherein klar, daß ich die Aufgabe sowieso nicht lösen kann. So kommt es mir jedenfalls vor. Also, er erklärt und erklärt, aber wieso das alles ›ganz logisch‹ sein soll, kapier' ich nicht. Wenn jemand an der Tafel vorrechnen soll, mache ich mich sowieso immer ganz klein und schaue weg. Jetzt nur nicht auffallen. Es ist nämlich schrecklich peinlich, da vorne zu stehen und nicht zu wissen, wo man überhaupt anfangen soll. Abgesehen davon, daß ich an der Tafel immer besonders nervös bin – denn schließlich gucken ja alle zu –, könnte ich die Aufgabe auch nicht an meinem Platz, zu Hause oder auf dem Mond lösen. Ich will auch gar nicht mehr.« Isabell sieht auf einmal ganz wild aus. »Mit Mathe habe ich einfach nichts am Hut. Also, an der Tafel, da sperre ich nur die Ohren auf, um zu hören, was meine Freunde mir vorsagen. Das schreibe ich dann einfach auf. Irgend jemand sagt immer etwas. Meist ist es jedoch falsch. Dann fragt Herr Müller wieder sadistisch: ›Fräulein Koch, könnten Sie uns vielleicht einmal erklären, wie Sie auf dieses außergewöhnliche Ergebnis kommen?‹ Kann ich natürlich nicht. Jetzt denken alle, ich bin völlig verblödet. Ist das alles peinlich.« Selbst jetzt, in Erinnerung an ihre Schmach, wird Isabell noch puterrot. Ein paar Schweißperlen glänzen über der Oberlippe. Doch sie erzählt tapfer weiter. »Dann sagt Müller gönnerhaft: ›Gut, Fräulein Koch, dann setzen Sie sich doch wieder, und vielen Dank für Ihre Hilfe.‹ Ich hasse das. Und dann kommt die Krönung in Form eines Jungen. Wieder Herr Müller: ›So, jetzt wollen wir mal einen Experten zu Wort kommen lassen. Herr Hildebrandt, zeigen Sie doch mal Fräulein Koch, wie man das hier macht.‹ Okay, okay, ich weiß schon, daß ich blöd bin, das braucht er mir nicht jedesmal noch zu sagen! Also, ich frage mich echt, was ich da noch soll. Ich sitze da echt nur die Zeit ab, warte auf das Klingelzeichen und hoffe, nicht wieder dranzukommen. Es ist wirklich eklig.«

So ähnlich geht es vielen Mädchen. Das kann kein Zufall sein. Dahinter steckt System, unser Gesellschaftssystem. Auch wenn es in unserer technikorientierten Welt von vitalem Interesse für Mädchen sein müßte, die Lükken zu schließen, um beruflich nicht auf verlorenem Posten zu stehen, um auch in der Zukunft »mitreden zu können« und »ihren Mann stehen zu können«, scheinen

Technik und Mädchen beziehungsweise Weiblichkeit noch immer an zwei entgegengesetzten Punkten einer Skala zu liegen. Das Image einer Naturwissenschaftlerin entspricht einfach nicht den Vorstellungen, die Mädchen von einer »tollen« Frau haben. In den USA ließ Dave Ebbut Mädchen beschreiben, wie sie sich das Aussehen einer Naturwissenschaftlerin vorstellten. Die Antworten hätten nicht deutlicher ausfallen können: sie seien unmodisch gekleidet und hätten dicke Brillengläser, einen Dutt (das war, bevor der Dutt wieder en vogue war), große Füße und flache Schuhe. Als Eigenschaften wurden ihnen zugesprochen: technisch, exakt, ordentlich, logisch und methodisch.[17] Für eine »Girls just wanna have fun«-Generation sicherlich keine erstrebenswerte Perspektive. Eine französische Untersuchung zeigt den Imageverlust naturwissenschaftlicher Fächer bei Mädchen mit zunehmendem Alter. Wurden in der Grundschule computerbegeisterten Mädchen noch erwünschte Eigenschaften zugeschrieben und genossen sie sogar höheres Ansehen als Mädchen, die weniger Interesse für den Computer zeigten, so war die Situation im Teenageralter genau umgekehrt: Mädchen, die Spaß am Computer demonstrierten, wurden wesentlich negativer, also mit weniger sozial erwünschten Eigenschaften beschrieben als ihre desinteressierten Mitschülerinnen.[18]

Wie kommt es, daß technisch beziehungsweise naturwissenschaftlich begabte Frauen in ihrer Eigenschaft als Frau nicht für voll genommen werden – selbst nicht von ihren Geschlechtsgenossinnen? Sicherlich bröckelt das festgefügte Bild inzwischen hier und da, sind die Aufklärungsbemühungen der Frauenbewegung nicht ohne Folgen geblieben, aber dennoch sitzt das Vorurteil zu tief, um sich innerhalb weniger Jahre auflösen zu lassen. Die Sozialisation, also unser verinnerlichtes Bild, wie wir in diese Gesellschaft mit ihren Werten und Normen passen, beginnt in der Familie bei unserer Geburt.

Noch immer werden Jungen und Mädchen anders erzogen. Untersuchungen haben gezeigt, daß männliche Babys öfters von ihren Müttern auf den Arm genommen werden, länger gestillt werden, sich mehr Zeit zum Trokkenwerden lassen dürfen und in den ersten Monaten mehr Körperkontakt zu ihrer Mutter erfahren als weibliche Babys.[19] Es sieht so aus, als seien Jungen immer noch etwas Besonderes, das verstärkter Pflege bedarf, dem – noch mehr – besondere Aufmerksamkeit gebührt. All diese Mechanismen laufen unbewußt ab. Nur wenige Mütter würden heute zugeben, daß sie ihre Söhne anders behandeln als ihre Töchter. So warf mir erst kürzlich eine Freundin wütend an den Kopf, daß sie ihren Sohn und ihre Tochter »absolut« gleich erzog. Bei anderen Gelegenheiten hatte sie jedoch schon öfters geklagt, daß Jungen doch sehr viel schwieriger als Mädchen seien. Bei ihrer Tochter sei alles viel reibungsloser abgelaufen, auch wenn diese sich immer mehr zu einer »kleinen Zicke« entwickelte. Mir selbst wurde bei der Geburt meines zweiten Sohnes besonders herzlich gratuliert. Als Mutter von zwei Söhnen, so verstand ich die Zwischentöne, hätte ich es schon zu etwas gebracht.

Jungen und Mädchen werden schon im Säuglingsalter unterschiedlich wahrgenommen und beschrieben. Die Wissenschaftlerin Ursula Morf-Rohr beschreibt Untersuchungen, in denen ein und dasselbe Baby mehreren Erwachsenen mal als Junge, mal als Mädchen vorgestellt wurde. Dabei zeigte sich, daß der Säugling, je nach zugeordneter Geschlechtszugehörigkeit, geschlechtsstereotyp beschrieben wurde. Jungen wurden demnach stark, munter, kräftig und groß, Mädchen als zart, feingliedrig, schön und niedlich kategorisiert, obwohl sich angezogene Babys rein objektiv noch nicht geschlechtsmäßig unterscheiden lassen[20] – es sei denn, sie werden gleich in den entsprechenden Farben gekleidet. Auch wenn das »rosa für Mädchen« und »blau für Jungen« in der heutigen, bunten Kindermode nicht mehr so dominiert, ist es doch selten, einen rosa gekleideten Jungen zu sehen. Besonders auf dem Lande werden diese traditionellen Farbzuordnungen noch recht ernst genommen.

Für Mädchen Puppen, für Jungen Autos

Gerade bei der Betrachtung des Spielzeugs wird schnell klar, ob es einem Mädchen oder einem Jungen zuzuordnen ist. Oft zeigt dies schon der erste Blick in ein Kinderzimmer, denn Mädchen- und Jungenzimmer unterscheiden sich meist deutlich. Zwar zeichnen sich inzwischen Veränderungen ab. Viele Jungen haben heutzutage eine Alibipuppe, und viele Mädchen besitzen diverse Werkzeugkästen. Allerdings haben die meisten Eltern auch heute noch Angst, ihre Jungen zu sehr zu »verweiblichen«. Schließlich müssen sie sich ja später im Leben einmal durchsetzen können. So fand Herrad Schenk heraus, daß in Familien Aggressionen von Jungen stärker toleriert werden und teilweise sogar erwartet werden als bei Mädchen, die in ihrer Aggressivität eher gebremst werden.[21] Trotzdem ist es für Mädchen inzwischen gesellschaftlich akzeptierter, sich als »kleine Jungen« zu etablieren. Doch im großen und ganzen halten sich die meisten Eltern an eine »bewährte« traditionelle Spielzeugauswahl: für Jungen Autos und Technikbaukästen, für Mädchen Barbiepuppen und Kochgeschirr.

Eine Untersuchung ergab, daß zwar bis zu einem Alter von zwei Jahren ein und dasselbe Spielzeug für beide Geschlechter gekauft wird, danach aber eine Differenzierung einsetzt. Die Verkäufer und Verkäuferinnen in den Spielwarengeschäften fragen nach, ob das Spielzeug für einen Jungen oder ein Mädchen gedacht sei. Danach werden dann bestimmte Spielzeuge vorgestellt und empfohlen. Interessanterweise ist Jungenspielzeug in der Regel teurer und variationsreicher, während Mädchenspielzeug als simpel und passiv eingestuft wird.[22] Doch selbst wenn Eltern sich bemühen, möglichst geschlechtsneutrales Spielzeug zu kaufen, werden die Kleinen häufig von Werbung in Zeitschriften, insbesondere jedoch im Fernsehen, davon unterrichtet, welches Spielzeug für das jeweilige Geschlecht »das richtige« ist.

Schließlich kommt schon in jungen Jahren der Druck der Gleichaltrigen dazu. »Um nicht ›außen‹ zu stehen, gesellen sich die Mädchen im Kindergarten oder zu Hause zu den anderen Mädchen, die in einer Ecke zum Beispiel Puppen frisieren«, mutmaßt Heidy Wienekamp.[23] Eine Diskrepanz zwischen bewußter und unbewußter Förderung und Erwartungshaltung bei Eltern fanden Fauser und Schreiber. Die von ihnen befragten Eltern machten den Kauf eines Computers nach eigenen Angaben nicht vom Geschlecht abhängig. Der Computerkauf komme in Frage, wenn er für die schulische und berufliche Laufbahn förderlich sei. Allerdings fällt auf, daß deutlich mehr Jungen als geeignet für Berufe angesehen wurden, die Computerkenntnisse erfordern oder sich sogar hauptsächlich mit Computern auseinandersetzen als Mädchen. Es steht zu vermuten, daß mit solchen Eignungserwartungen auch Erwartenshaltungen und damit aktive Unterstützung beziehungsweise hemmende Beeinflussung seitens der Eltern einhergehen.[24]

Kinder bilden im Alter von etwa zwei Jahren ihre Geschlechtsidentität und leiten daraus ihre Geschlechtsrollen ab. Je nach wissenschaftlichem Ansatz wird davon ausgegangen, daß die Geschlechtsidentität durch Beobachtung erlernt wird, oder aber sich »natürlich«, also quasi von innen gesteuert, selbst bildet. Geschlechtsrollen hingegen werden, darüber sind sich fast alle Wissenschaftler einig, weitgehend erworben, also von der Umwelt abgeleitet. Geschlechtsrollen sind, laut Psychologin Monika Sklorz-Weiner, kulturabhängig und wandelbar. Geschlechtsidentität hingegen sei stabil und stelle eine wichtige Quelle für die Selbstdefinition dar.[25] Sie zieht eine psychologische Erklärung von Eberhard Todt heran: »Die Entwicklung allgemeiner Interessen sieht Todt selbst mit der Entwicklung von Geschlechtsidentität verbunden. Spezifische Interessen sind nach Todt nicht stabil, sie hängen mit dem Streben nach sozialer Anerkennung zusammen und können hypothetisch mit Geschlechtsrollen verbunden sein.« Daraus zieht Monika Sklorz-Weiner den Schluß, daß das Interesse an der Technik für Männer gleichzeitig ein spezifisches als auch ein allgemeines Interesse bedeute. Technik wird demnach nicht nur mit der männlichen Geschlechtsrolle verknüpft, sondern bildet im Fall einer beruflichen Beschäftigung mit Technik auch einen wesentlichen Bestandteil männlicher Identität.

Für Frauen hingegen sei die Technik weder mit einer Geschlechtsrolle noch mit einer Geschlechtsidentität verbunden. Männliche Fächer stehen sogar dem geschlechtsbezogenen Selbstkonzept der Mädchen entgegen. Deshalb ziehen sich viele Mädchen aus diesen Bereichen interessenmäßig zurück, insbesondere dann, wenn sie nur wenig Anerkennung für ihre »untypischen« Interessen erwarten können.[26] Eine Änderung der Situation sei nur denkbar, so Sklorz-Weiner, falls sich das Geschlechtsrollenbild in der Gesellschaft wandelt oder eine Identifikation mit dem Vater stattfindet. So sind Väter von Ingenieurinnen häufig ebenfalls Ingenieure oder Techniker.

Kein Wunder also, wenn Jungen im Physikunterricht aufgrund ihres jahrelangen Vorwissens den Mädchen sachlich überlegen sind. Ihnen ist der Umgang mit der Technik vertrauter, und durch die in der Spielwelt gewonnene Erfahrung ist dieser Bereich für sie interessanter und insgesamt positiver besetzt.

Wissenschaftsgeschichte – eine Geschichte ohne weibliche Beteiligung

Die Ursachen für das weibliche Technikdilemma liegen allerdings noch weiter zurück. Dazu ein kleiner Ausflug in die Historie.

Die vorherrschende Meinung über das Verhältnis von Frauen zur Naturwissenschaft und Mathematik im neunzehnten Jahrhundert mag für heutige Ohren grotesk klingen, ganz verschwunden ist sie jedoch – so fürchte ich – noch nicht. So schreibt P. J. Möbius noch 1907: »In gewissem Sinne kann man sagen, das Mathematische ist der Gegensatz des Weiblichen. Möchte dieses in grenzenlosen Gefühlen verschwinden, so gipfelt männliche Klarheit in Exaktheit, d. h. dem Zahlenmäßigen. Hat ein Weib mathematisches Talent, so ist es ebenso, als ob sie einen Bart hätte. Man kann also sagen, daß ein mathematisches Weib wider die Natur sei, in gewissem Sinn ein Zwitter. Nur durch Abweichungen von der Art, durch krankhafte Veränderungen kann das Weib andere Talente als die zur Geliebten und Mutter befähigenden erwerben ...«[27]

Nur wenige Frauen haben in die Geschichte der Naturwissenschaften Eingang gefunden. Die Chemikerin Marie Curie und die Atomphysikerin Lise Meitner stellen dabei deutlich eine Ausnahme dar. Je wichtiger Naturwissenschaften und Technik für die Gesellschaft wurden, um so größer wurde die Dominanz der Männer. In vielen Jahrtausenden hatten ursprünglich die Frauen durch genaues Beobachten der Natur den Grundstein der Naturwissenschaft gelegt. Als Sammlerinnen waren sie darauf angewiesen, Eßbares von Giftigem zu unterscheiden. Sie waren es, die die Kräuter fanden, mit deren Hilfe Wunden geheilt und Schmerzen gelindert werden konnten. Auf diese Erfahrungen und Experimente sind viele heutige Erkenntnisse zurückzuführen. In den alten Hochkulturen, so beispielsweise in Ägypten, war die Medizinheilkunde ein anerkannter Beruf, der auch von Frauen praktiziert wurde. Im Tempel von Sais steht geschrieben: »Ich kam von der Medizinschule zu Heliopolis und studierte an der Frauenschule zu Sais, wo mich die göttlichen Mütter Krankheiten heilen lehrten.«[28] Auch in der sumerischen Kultur waren es die Frauen, die die Kunst der Parfümherstellung beherrschten. Parfüme spielten in der dortigen Kultur eine bedeutende Rolle, nicht nur als Kosmetika, sondern auch in der Medizin und Religion. Mit Aristoteles (300 v. Chr.) begann der Trend, Frauen die Kompetenzen für Naturwissenschaften abzuerkennen. Aristoteles sah Frauen als »deformierte« Männer. Margaret Alic, die in ihrem Buch *Hypatias Töchter* die bislang kaum dokumentierte Beteiligung der Frauen an der naturwissenschaftlichen Forschung in der Geschichte bis zum heutigen Jahrhundert beschreibt, sieht darin den Grund, daß dieser Bereich immer mehr zur Männerdomäne wurde. Das Recht der Frau, sich in den Naturwissenschaften, insbesondere in der Medizin, zu betätigen, wurde im Laufe der Jahrhunderte immer mehr eingeschränkt. Auch das sich verbreitende Christentum wies die Wissenschaft und die Frauen immer weiter in untergeordnete Positionen zurück. Noch bis ins dreizehnte Jahrhundert erfuhren Frauen Anerkennung als Ärztinnen. Im vierzehnten und fünfzehnten Jahrhundert wurden sie als Hexen und Scharlatane verbrannt.

Trotzdem ließen sich Frauen nicht gänzlich aus der Wissenschaft herausdrängen. Margaret Alic gibt viele Beispiele von Frauen, die die Geschichte der Naturwissenschaften maßgeblich geprägt haben und trotzdem nicht in der etablierten Geschichtsschreibung berücksichtigt werden. Viele Naturwissenschaftlerinnen verleugneten sogar ihre Identität als Frau, damit ihre Werke Anerkennung erfuhren. Deshalb werden viele Werke, die tatsächlich aus der Hand einer Frau stammen, fälschlicherweise einem Mann zugeordnet. Das rührt zum Teil auch daher, daß viele Naturwissenschaftlerinnen sich ihre Fähigkeiten durch autodidaktisches Studium oder durch die Hilfe von Vätern oder Brüdern angeeignet hatten, denn ein

Studium an den Universitäten war nur in wenigen Ausnahmefällen erlaubt. So durfte Lise Meitner das Institut, an dem sie mit Otto Hahn arbeitete, nur durch einen Nebeneingang betreten, denn der Institutsleiter, bekannt dafür, weibliche Wesen nur als Putzfrauen im Institut zuzulassen, hatte bei ihrer Anstellung, die von Otto Hahn maßgeblich unterstützt wurde, gesagt: »Wenn sie im Keller bleibt und niemals das Institut betritt, soll es mir recht sein.«[29]

Erst in der Weimarer Republik wurde Frauen ein Recht auf Bildung zugebilligt. Trotzdem gab es damals nur wenige Frauen, die in der Wissenschaft Karriere machten. Mit dem Recht auf Bildung war es jedoch bald vorbei. Schon kurz nach der nationalsozialistischen Machtübernahme wurde den Frauen das Habilitationsrecht wieder aberkannt, und der Frauenanteil an der Studentenschaft durfte zehn Prozent nicht überschreiten. Frauen wurden auch, so gut es ging, aus dem Berufsleben zurück an den Herd beordert. Die »natürliche Aufgabe« der Frau sei es, so hieß es, Kinder zu gebären und großzuziehen. Mit zum Teil haarsträubenden Argumentationsschienen wurde auch immer wieder versucht zu belegen, daß Frauen weniger intelligent seien als Männer. Als »Beweis« wurde beispielsweise die angeblich geringere Gehirnmasse der Frau angeführt. Die »Philosophie« der Nazis zum Thema Frau faßt Georg Fritz zusammen: »Das Weib ist in seinem Wesenskerne grundverschieden vom Manne. Es ist aufnehmend, duldend, unschöpferisch, ganz von seiner Geschlechtsaufgabe beherrscht und durch ihre Erfüllung dem Wirken der Natur unmittelbarer verbunden als der Mann.«[30] Erst nach Kriegsbeginn, als sich der Männermangel in den verschiedensten Berufen bemerkbar machte, konnten Frauen auf einmal wieder beruflich tätig werden – natürlich aus dem tapferen und hehren Beweggrund heraus, das »Beste fürs Vaterland« zu geben. Besonders geeignet waren sie plötzlich als Volksschullehrerinnen, obwohl sie noch bis 1934 als völlig ungeeignet für diesen Beruf erachtet wurden. Sogar besser geeignet als der Mann seien sie, hieß es plötzlich. Begründet wurde diese Auffassung wie folgt: »Den kleinen Jungen und Mädchen das Abc beizubringen, sei ja wirklich kein Kunststück. Dabei müsse man sich wundern, daß diese Volksschullehrer es überhaupt aushalten, alljährlich vor ihren Schülern dasselbe zu exerzieren. Für solch ständige Wiederholungen sei sowohl physisch als auch psychisch an sich ja nur die Frau geeignet.«[31] Es ist zu befürchten, daß einige dieser verqueren Gedanken, die dem Volk mit propagandistischen Mitteln eingebleut wurden, sich bis zum heutigen Tag in einigen Köpfen gehalten haben. Das ist um so mehr zu befürchten, als ein ähnliches Frauenbild in der Klassik und Romantik zum allgemeinen Gedankengut geworden war und seitdem von weiten Teilen der Bevölkerung vertreten wurde. Die Annahme, daß sich Frauen »von Natur« aus besser zur »Kinderaufzucht« eignen als Männer, wird auch heute nicht als ungewöhnlich empfunden. Auch die Existenz eines »Mathegens« muß oft noch zur Erklärung der unterschiedlichen Leistungen von Jungen und Mädchen in den Naturwissenschaften herhalten.

»Mit halber Ration« – Frauen und Technik heute

Die absurden Argumente, die Frauen auf eine niedrigere Intelligenzstufe stellen, sind in abgeschwächter und verwässerter Form noch immer gesellschaftsfähig. Auch in den Köpfen oder besser: im Unterbewußten vieler Lehrer und Lehrerinnen spuken diese Vorstellungen von der »Natur« der Frau immer noch herum. Auch wenn sie bewußt mit der Absicht in den Unterricht gehen, Mädchen in den Naturwissenschaften genausosehr zu fördern wie Jungen, werden Leistungsunterschiede von Schülerinnen und Schülern in den meisten Fällen geschlechtsstereotyp interpretiert, wie eine Untersuchung von Christine Roloff zeigt.[32] Ihr fiel auf, daß Lehrkräfte bei einer Befragung Jungen als »ehrgeizig« einstuften, wenn sie gute Noten anstrebten, Mädchen hingegen als »fleißig« eingeschätzt wurden, wenn sie dasselbe taten. Die Mädchen verlieren in der achten Klasse nach Meinung der von Roloff befragten Lehrer und Lehrerinnen das Interesse am Fach Physik. Als Gründe werden angegeben: »altersmäßige Flausen im Kopf«, »frühkindliche Erziehung« oder »die übers Elternhaus vermittelte Motivation«.

Wenn es jedoch um die Idee spezieller Fördermaßnahmen für Mädchen geht, die im allgemeinen befürwortet werden, verbinden dies einige Lehrer und Lehrerinnen »spontan mit der Frage, wozu Frauen eigentlich geeignet oder sogar bestimmt sind, und das ist dann die Mutterschaft. Im Extremfall wurde physikalische oder technische Bildung nur zum Mitreden als relevant angesehen – etwa bei Wahlen oder im familiären Diskussionskreis. Auch wenn der Gedanke der Vereinbarkeit von Familie und Beruf aufkommt, können die Perspektiven, die ihre LehrerInnen für sie denken, die Schülerinnen nur demotivieren. Sie werden ›total überfordert‹ sein oder nur ›mit halber Ration‹ einsetzbar, Frauen, ›die an die Spitze kommen‹, werden ›weniger typisch frauliche‹ Eigenschaften haben. Jedenfalls wird die Vereinbarung ausschließlich als eine Angelegenheit der Frauen beziehungsweise der Partnerschaft gesehen, und im Interview betonen einzelne Lehrer das Glück, eine sorgende Ehefrau und Mutter für die Kinder zu haben ... (Daraus) erkennen Schülerinnen, daß Physik und Informatik für ihre zukünftigen Perspektiven nicht wichtig oder nicht verwendbar sind, und dann brauchen sie sich in diesen Fächern auch nicht anzustrengen. LehrerInnen konterkarieren so ihren eigenen pädagogischen Anspruch und ihre Fördergedanken durch Signale und Erwartungen, die den Mädchen das traditionelle Rollenbild präsentieren.«

Wie Roloffs Untersuchung weiter bestätigt, sind sich Schülerinnen dieser traditionellen Stereotypen auch bewußt. Schülerinnen der zehnten Klasse wurde eine Comiczeichnung vorgelegt, die eine Frau am Computer in einem Großraumbüro zeigt. In der Denkblase darüber sind lauter mathematische Formeln und Fetzen einer Computersprache zu sehen. Im Hintergrund stehen zwei Männer mit Kaffeetassen in der Hand und tuscheln angeregt. Die Schülerinnen wurden gefragt, über was die Männer sich denn wohl unterhielten. Was dabei herauskommt, überrascht wenig: In zwei Dritteln der Antworten wird der Frau eine Unfähigkeit am Computer, wird generell eine Unvereinbarkeit von Frau und Technik unterstellt, die Frau als Emanze eingeschätzt oder wieder als Hausfrau an den Herd geschickt. Nur zehn Prozent der Aussagen beziehen sich auf Qualifikation beziehungsweise Leistungsfähigkeit der Frau. Nicht zu übersehen sind schließlich sexistisch gefärbte Bemerkungen; die Arbeitskollegin wird auf ihren Körper reduziert – sie ist »abtörnend«, eine »scharfe Kante« oder eine »tolle Biene«. Ihre Nützlichkeit im Betrieb ist hauptsächlich darauf beschränkt, den Männern einen tollen Anblick zu bieten.

Christine Roloff meint dazu: »Was die Schülerinnen durch die Augen der Männer sehen, spricht eine scheinbar klare Sprache. Unklar ist, wie die Schülerinnen selbst diese Sichtweise beurteilen. Drückt sich in dem Detailreichtum der Bösartigkeit eher die Provokation aus, die Mädchen empfinden und zurückweisen, oder ist dies ein Zeichen für die schwere Hypothek, die die Entwicklung junger Frauen belastet, für das komplexe, weitverzweigte Netz der Fallstricke, das nur wenige gangbare Wege für sie offenläßt?«

Fest steht, daß in den letzten zehn Jahren der Frauenanteil bei den Einschreibungen für den Studiengang Informatik um mehr als zehn Prozent sank. Im Wintersemester 1982/83 waren immerhin 19,1 Prozent der Studienanfänger Frauen, im Wintersemester 1992/93 nur noch 8,6 Prozent. Zwar waren die absoluten Zahlen steigend, aber die Frauen blieben bei weitem hinter dem steigenden Interesse der männlichen Studenten zurück. Judith Ebach machte sich Gedanken über die psychologischen Aspekte des Frau-Computer-Verhältnisses. Sie geht davon aus, daß das Interesse, gekoppelt mit der Begabung, das bedeutendste Motiv für die Wahl eines Studienfaches ist. Die Motivation von Jungen und Mädchen, sich mit dem Computer zu beschäftigen, unterscheidet sich jedoch grundlegend. Jungen zeigen häufiger ein intrinsisches Interesse – ein Interesse der Sache selbst wegen. Auch beschäftigen sich Jungen wesentlich öfter in ihrer Freizeit mit dem Computer. Für Mädchen ist der Umgang mit dem Computer eher pragmatischer Natur. Sie sehen darin oft nur ein Mittel zum Zweck. Die Beschäftigung mit dem Computer steht unter dem Motto: Um beruflich Erfolg zu haben, muß – notwendigerweise – auch der Computer beherrscht werden. Bei Frauen spielt bei der Entscheidung, sich näher mit dem Computer zu beschäftigen, es eine große Rolle, ob sie positive Technikerfahrungen (Computer) sammeln konnten.[33]

Ich hatte die Gelegenheit, an einer Gesamtschule eine achte Klasse bei ihren ersten Versuchen am Computer zu beobachten. Es handelte sich um den Grundkurs in Deutsch, der die Korrektur der Aufsätze mit dem Textverarbeitungsprogramm eines Computers vornehmen sollte. Dieser Ansatz, so konnte ich später in diversen Veröffentlichungen nachlesen, kommt insbesondere Mädchen zugute, die über Textverarbeitungssysteme eher einen positiven Umgang mit dem Computer erlernen. Trotzdem gehen Jungen und Mädchen unterschiedlich an den Computer heran. Die Schüler thronten vor dem Terminal, schoben die Diskette ein, und los ging's mit Elan. Auch wenn sie zum Teil weniger davon verstanden als einige Mädchen, empfanden sie sich eindeutig als Boß. Der Computer hatte nichts zu lachen. Mit Befehlen wie: »Na, wirst du wohl tun, was ich dir sage«, zeigen sie deutlich ihre Respektlosigkeit vor dem Gerät. Auch als ein Junge falsch gespeichert hat, folgt keine Anklage gegen den Computer. Zwar ärgert er sich gewaltig: »So ein Mist«, aber er sieht es offenbar nicht als Verschwörung des Computers gegen ihn an. Mädchen, die offensichtlich gut mit der Arbeit vorankommen, stöhnen schon mal vor sich hin: »Oh, das blöde Ding.« Auch ganz zu Anfang, so erzählt mir die Lehrerin, gingen die Jungen auf den Computer zu, als hätten sie ihr Leben lang nie etwas anderes gemacht. Auch wenn sie tatsächlich keine Ahnung hatten, fingen sie sofort an, wild auf dem Gerät herumzuhakken. Sogar die fachliche Überlegenheit der Lehrerin hätten einige nicht so gerne wahrhaben wollen. Für die Jungen schien es selbstverständlich zu sein, daß sie eine besondere Begabung für den Umgang mit dem Computer mitbrachten. Die Mädchen hingegen überlegten sich jeden Schritt beziehungsweise jeden Tastenanschlag lange im voraus. Unbedachtes, spontanes Herumhantieren und Herumprobieren war bei ihnen nicht zu beobachten.

So wie bei anderen Gelegenheiten auch, helfen sich die Mädchen gegenseitig stark, wenn sie einmal Probleme haben, und benötigen daher die Hilfe der Lehrerin, Martina Zech-Dorin, die liebevoll »Zechi« gerufen wird, weniger. Konkurrenzgehabe, das die Jungen teilweise an den Tag legen, kommt bei den Mädchen nicht vor. Ihnen scheint es nicht so wichtig zu sein, als die »Beste« dazustehen. Da zu wenige Terminals vorhanden sind, müssen sich jeweils zwei Schüler und Schülerinnen das Gerät teilen. Bis auf zwei Jungen, die beide einen eigenen haben. Ansonsten teilen sich Mädchen mit Mädchen und Jungen mit Jungen jeweils einen »Compi«. Immer, wenn sie sich alleine nicht mehr zu helfen wissen, ertönt der Schlachtruf: »›Zechi‹, Hilfe, kommst du mal?« Und »Zechi« flitzt mit ihren flatternden, langen, blonden Haaren von Terminal zu Terminal. Dabei hilft sie in Fragen der Technik, aber auch, wenn es um Inhaltliches in Sachen Deutsch geht. Gerade überprüft sie den fertigen Text eines Jungen und hat noch einige Verbesserungsvorschläge. Sie überlegt noch mal kurz und sagt schließlich: »Das kann man eventuell auch so lassen.« Der zweite Junge am Terminal ruft sofort: »Ja, genau, stehenlassen!« Da gerät er aber bei »Zechi« an die falsche Adresse: »Hältst du dich dabei mal zurück?!« Und dann erklärt die Lehrerin lang und breit, warum es doch besser sei, in einer Inhaltsanalyse das Wort »als« zu streichen.

Derweil häufen sich die Meldungen der Mädchen. Die Gruppe, der »Zechi« schon öfter helfend zur Seite gestanden hat, wird ungeduldig. Aber auch das Mädchenteam auf der anderen Seite des Raumes hat auf einmal eine dringende Frage und zetert seinerseits: »›Zechi‹, hierher.« Für einen kurzen Augenblick verliert Martina Zech-Dorin ihre Geduld: »Nun mal langsam, ich kann nicht alles auf einmal.« Sie wendet sich dann der Gruppe zu, die ihr am nächsten sitzt – eine Jungengruppe. So geht das Mädchenteam, das sie bisher weniger beansprucht hat, sich aber eher bemerkbar gemacht hat, leer aus. Leichtes Murren der Mädchen, die sich dann wieder selbst um die Lösung der anstehenden Probleme kümmern. Ein ausländischer Schüler, der Deutsch als Fremdsprache erst kürzlich erlernt hat, arbeitet gerne am Computer. Sein Interesse an der Technik hilft ihm auch bei seinen Sprachproblemen. Der Ansatz für die Mädchen ist genau umgekehrt. Ihr Interesse am Fach Deutsch soll ihnen den Einstieg in die Computerwelt erleichtern. Das scheint ganz gut zu klappen, denn ein Mädchen, das sonst eher schwache Leistungen zeigt, ist von der Arbeit am Computer und der damit zusammenhängenden Bestätigung so angetan, daß sie sich zur Konfirmation einen Computer für zu Hause wünscht.

Viel scheint also davon abzuhängen, wie Mädchen an die Technik herangeführt werden. Kognitionspsychologen, die geschlechtsspezifische Denkmuster untersucht haben, beschreiben zwei unterschiedliche Vorgehensweisen bei der Konstruktion eines Algorithmus (interner Arbeitsgang eines Computers). Jungen/Männern wird dabei mehr das sequentielle Vorgehen zugeschrieben. Es beruht darauf, sich vorzustellen, was der Rechner in einzelnen Schritten nacheinander zu tun hat. Mädchen/Frauen bedienen sich lieber begrifflicher Denkmuster. Dabei werden neu gestellte Probleme an schon bekannte Konzepte angebunden, und die Ideen zur Lösung werden mit Begriffen beschrieben[34], eine weniger abstrakte Vorgehensweise also.

Um Mädchen mehr Gelegenheit zu geben, positive Erfahrungen mit dem Fach Informatik zu machen, wurde in Niedersachsen ein Modellprojekt durchgeführt. Als es darum ging, das Prinzip des Algorithmus zu verstehen, wurde Schülerinnen und Schülern die Aufgabe gestellt, einem Marsbewohner mit eigenen Worten zu erklären, wie man eine Tür aufschließt und ein Münztelefon bedient. Mädchen, so zeigte sich, arbeiteten mit Interesse an den sprachlichen Lösungen, während es Jungen schwerfiel, sich von ihren Programmiererfahrungen zu lösen und Wortalgorithmen zu finden.[35]

Mädchen und Technik, vielleicht doch keine Quadratur des Kreises? Offenbar kann bei richtiger Vorgehensweise bei Mädchen durchaus ein Interesse für Technik geweckt werden, insbesondere dann, wenn sie die Anwendung mit »typisch weiblichen« Fähigkeiten in Einklang bringen können. Für Mädchen ist nämlich eine ganzheitliche Betrachtensweise weitaus wichtiger als für

Jungen. Mädchen beschäftigen sich mehr mit den sozialen und gesellschaftlichen Implikationen der Technik, während Jungen dies gut abkoppeln können und auch für eine Technik »pur« Interesse aufbringen.

Deshalb finden sich heute an den Schnittstellen Mensch Technik – beispielsweise im Servicebereich von Softwarefirmen – immer häufiger Frauen. Männer scheinen diese in ihren Augen lästige Aufgabe dankbar abzugeben, um sich ausschließlich der puren Technik zu widmen. Für die Schule bedeutet dies, daß es wichtig ist, Mädchen und Jungen unterschiedliche Ansätze zu bieten (dasselbe gilt für Chemie und Physik), damit sich beide Geschlechter optimal entfalten können. In den letzten Jahren sind deshalb immer mehr Versuche mit getrenntgeschlechtlichem Unterricht gemacht worden.

4. Vom Mädchen zur Frau – der Prozeß der Identitätsfindung

Was wäre, wenn ... – ein Experiment in der Schule

Meine ehemalige Deutschlehrerin, Frau Reuther, führte für mich ein Experiment in ihrer siebten Klasse durch. Sie bat alle, die Augen zu schließen und sich auf eine Reise in die eigene Vergangenheit zu begeben. Zunächst sollten sie sich vorstellen, wie es war, als sie ins Gymnasium kamen. Dann weiter zurück, wie es in der Grundschule zuging. Welche Freunde sie hatten, was sie damals taten. Noch weiter zurück ging die Reise, über den Kindergarten und die Zeit des Laufenlernens bis zur eigenen Geburt, allerdings mit einem kleinen Unterschied: Die Mädchen sollten sich vorstellen, als Junge auf die Welt zu kommen und umgekehrt. Was, so fragte die Lehrerin, hätte sich dann in deinem Leben verändert? Die Antworten sollten anonym auf ein Blatt Papier geschrieben werden, und nur die tatsächliche Geschlechtszugehörigkeit sollte angegeben werden.

Die meisten reagierten mit Entsetzen. Nein, mit dem anderen Geschlecht wollte niemand tauschen. Ein Mädchen, das als Namen Xantippe Junior angegeben hatte, schrieb: »O nein, bloß nicht. Ich hasse Jungen! (Aber wenn meine Freundin auch ein Junge und mein Bruder ein Mädchen wäre, dann ginge es ja.) Im Kindergarten hätte ich natürlich nur ›blau‹ angezogen, ich hätte mit Jungen herumgehangen und hätte nur ›Männerarbeit, Männersachen‹ gemacht. Zu meinem Kindergeburtstag wären nur ein oder zwei Mädchen gekommen. In der Grundschule hätte ich einen ›jungenhaften‹ Schulranzen gehabt und Verschwörungen gegen die Lehrerin angezettelt. Mädchen hätte ich verarscht. Im Gymnasium wäre ich viel cooler. Ich würde meine Schwester zu Hause ärgern und für Autos statt für Pferde schwärmen.« Die anderen Mädchen, die als Einleitung öfters Phrasen wie »Ach, du liebe Zeit«, »O Gott«, und »O nein!« gebrauchten, brachten es auf eine beachtenswerte Liste traditioneller Geschlechtsstereotypen:

- Sie würden nicht mit Barbie oder Puppen spielen, sondern Fußball.
- Keiner würde sie »verkloppen«. Im Gegenteil, sie würden gerne mal selbst aktiv werden. »Endlich könnte ich mal die verkloppen, die ich nicht so mag – ohne aufzufallen.«
- Sie würden von Jungen respektiert.
- Sie würden Mädchen ärgern.
- Sie würden in ein Mädchen verliebt sein.
- Sie hätten kurze Haare.
- Sie würden keinen Schmuck tragen.
- Sie wären vielleicht unheimlich frech und hätten früher mehr Mist gemacht. Sie wären nicht so ordentlich wie jetzt beziehungsweise »noch chaotischer«.
- Sie *müßten* keine Kleider tragen.
- Die Freundin wäre auch ein Junge.
- Sie würden auf andere Bands stehen und hätten andere Hobbys.

– Sie würden »die Liebe lieben«.

Besonders wichtig scheint es ihnen zu sein, daß sie andere »verkloppen« dürften. Hier zeigt sich deutlich, wie gerne sie aus der ihnen zugeordneten Geschlechtsrolle ausbrechen würden. Das bedeutet aber auch, daß Aggressivität für Mädchen kein Fremdwort ist, aber offenbar nicht ausgelebt werden darf. Eine Befreiung des Verbotes, sich körperlich zur Wehr setzen zu dürfen, wurde von vielen Mädchen begrüßt. Auffällig ist der Widerwillen, mit dem manche Mädchen Röcke und Kleider anziehen. Weiblichkeit ist in unserer Gesellschaft vielfach mit der Kleidung, besonders natürlich mit Kleidern und Röcken, verbunden. Eine Ablehnung dieser als weiblich eingestuften Kleidung kann vielleicht auch als Ambivalenz mit der eigenen Weiblichkeit interpretiert werden. Also eigentlich, so ließe sich folgern, wären sie schon ganz gerne wie die Jungen. Jedenfalls was deren Privilegien angeht (frech sein zu dürfen, Mist zu machen, unordentlich sein zu dürfen, Aggressionen auszuleben). Selbstverständlich gibt es sicherlich Mädchen, die froh sind, sich nicht selbst verteidigen zu müssen und sich auf ihre Rolle als Mädchen zurückziehen zu dürfen. Die zitierten Antworten können auch in keiner Weise als repräsentativ gelten, aber sie zeigen, daß Geschlechtsrollen auch heute noch traditionell ausgerichtet sind. Welche weitreichenden Folgen das hat, wird oft nur unzureichend beachtet.

Kein schlappes, verpimpeltes Mädchen!

Diese Antworten brachten in mir Erinnerungen hoch. Was wäre, wenn ich als Junge auf die Welt gekommen wäre? Wie hätte sich mein Leben verändert? Was oder wer wäre ich jetzt? Diese hypothetischen Fragen drängten sich mir geradezu auf. Ich werde nie vergessen, daß ich in meiner Grundschulzeit, und auch schon davor, lieber ein Junge gewesen wäre. Mit Mädchen zu spielen lehnte ich aus tiefstem Herzen ab, Mädchenspiele fand ich albern. Obwohl ich zu Hause einer ganzen Riege diverser Puppen, von klein und kuschelig bis groß und sperrig, in meinem Zimmer Asyl gab, vernachlässigte ich meine Puppenmutterpflichten aufs Sträflichste. Die Puppenkleidchen zog ich lieber meinen Katzen an, die ich anschließend im Puppenwagen spazierenfuhr. Da auf unserer Straße die meisten Kinder in meinem Alter Jungen waren, identifizierte ich mich mit ihnen. Alle wilden Spiele machte ich – zwar äußerlich als Mädchen erkennbar, mit langen Zöpfen und Röckchen – begeistert mit. Bei den »Bandenkriegen« unserer Straße gegen die Nachbarstraße stand ich in erster Reihe und warf die »Soldatenknöpfe«, die vorher eifrig gesammelten Kletten, mit Bravour. Durch meinen körperlichen Einsatz – einer Schlägerei ging ich selten aus dem Weg – hatte ich mich als vollwertiges Gruppenmitglied etablieren können. Die Welt war für mich in Ordnung. Mein Vater, früher selbst ein sehr guter Sportler, brachte mir diverse Selbstverteidigungsgriffe bei, die mir tiefste Anerkennung in der Jungenwelt sicherten. Die zwei oder drei Mädchen in unserer Straße ignorierte ich weitgehend. Nur wenn kein Junge zum Spielen verfügbar war, ließ ich mich auch mal auf Mädchenspiele ein, allerdings ohne rechte Freude.

Bei der Einschulung wurde mir erstmals richtig bewußt, daß ich ein Mädchen war. Ich saß in der Klasse auf der Mädchenseite und wurde wie ein Mädchen behandelt.

Irgendwie kam ich mir nicht ganz ernst genommen vor. Mir war, als würden mir als Mädchen Rechte, die ich selbstverständlich für mich in Anspruch nahm, vorenthalten. Wieso dachte der Lehrer, daß Jungen besser seien im Rechnen? Ich war mindestens genausogut. Wenn es im Sportunterricht etwas aufzubauen galt, wurden immer die Jungen als Hilfe herangeholt. Wen dachte der Lehrer eigentlich vor sich zu haben? Ein schlappes, verpimpeltes Mädchen etwa? Das war für mich das Schlimmste, was mir passieren konnte: als »echtes« Mädchen eingestuft zu werden. Eines Tages hatte mir meine Mutter einen hübschen, blumig gemusterten Anorak gekauft. Welch eine Katastrophe! Ich weigerte mich mit allen Mitteln, diesen verpönten »Mädchenanorak« anzuziehen. Igitt, dieser Anorak stand stellvertretend für alles, was ich aus tiefster Seele ablehnte.

In der Schule durfte ich als einziges Mädchen den »Jungenschulhof« betreten. Dieses Recht hatte ich mir in zahllosen Prügeleien hart erkämpft. Der »Jungenschulhof« war viel schöner – und größer – als der »Mädchenschulhof«, außerdem war er nicht asphaltiert, sondern eine wilde Wiese. Darauf konnte Mann junior doch viel besser spielen. Diese Trennung der Schulhöfe wurde keineswegs offiziell von Lehrerseite aufrechterhalten, er hatte sich auf Schülerseite durch lange Traditionsfolgen noch aus der Zeit erhalten, als es tatsächlich in den Pausen eine Trennung von Mädchen und Jungen gab. Und dieses Privileg hatten sich die Jungen nicht nehmen lassen. Sie durften selbstverständlich auch den »Mädchenschulhof« betreten, wenn ihnen danach war.

Bald hatte ich eine »beste« Freundin in der Klasse, die neben mir saß und mit der ich mich gut verstand. Sie war nicht so »blöd« wie die anderen Mädchen. Je älter ich wurde, desto mehr spielte ich auch nachmittags mit ihr. Mein Zugehörigkeitsgefühl zur Jungenclique schwand immer mehr. Insbesondere in der Schule waren viele Jungen bald negativ besetzt für mich. Da ich auch für meine Freundin Ria das Recht erkämpft hatte, den Jungenschulhof zu betreten, konnten wir die Pausen verbringen, wo wir wollten. Irgendwie waren wir den Jungen jedoch ein Dorn im Auge, denn in regelmäßigen Abständen kam immer mal wieder eine Horde an, um uns zu ärgern oder zu vertreiben. Das endete stets in einem oder mehreren Zweikämpfen, in denen ich – noch immer zehrend von den Tricks, die mir mein Vater beigebracht hatte – die Jungenwelt überzeugen konnte, daß mein Anspruch auf den Jungenspielplatz berechtigt war. Im nachhinein frage ich mich schon, weshalb es mir so wichtig war, unbedingt dort zu spielen. Aber ohne dieses »Privileg« wäre ich mir als »Mensch zweiter Klasse«, eben als echtes Mädchen vorgekommen. Dieser Kampfgeist verlor sich im Gymnasium mit einsetzender Pubertät immer mehr. Ich kann mich an keine Prügelsituation im Gymnasium mehr erinnern. Ohne meine »beste« Freundin, die zu unserem gegenseitigen großen Bedauern auf eine andere Schule ging, fühlte ich mich merkwürdig vereinsamt.

Wie gerne wäre ich mit ihr zusammen in die Realschule gegangen. Um meine Eltern zu überzeugen, mich auch auf die Realschule zu schicken, war damals sogar Rias Vater zu uns nach Hause gekommen. Ich war dabei, als er schließlich sagte: »Aber was wollen Sie denn, Theresia ist doch ein Mädchen. Die wird eines Tages doch heiraten und hinter dem Herd stehen.« Diese Aussicht begeisterte mich nicht so besonders. Deshalb war ich meiner

Mutter sogar fast (!) dankbar, als sie antwortete: »Meine Tochter soll später mal nicht nur hinter dem Herd stehen.« Inzwischen kann ich nachempfinden, was in meiner Mutter vorgegangen sein muß, als sie die Bemerkung hörte. Sie hatte sich, aus einer Arbeiterfamilie kommend, das Recht, aufs Gymnasium gehen zu dürfen, bitter erkämpft. Und dort saß sie als einziges Arbeiterkind mitten zwischen all den »höheren« Töchtern und schrieb die besten Noten. Meine Mutter ist sicherlich alles andere als eine Emanze, aber das Recht auf Bildung – auch für Mädchen – ist ihr heilig. Zu viele Entbehrungen hatte sie selbst deswegen in Kauf genommen. Sie hatte sogar ein Studium durchgesetzt, zum blanken Entsetzen der Verwandtschaft und der näheren Umgebung. Allerdings wurde sie in ihrem Wunsch von ihrer Mutter unterstützt, die ihrerseits in ihrer Jugend einen enormen Unabhängigkeitsdrang an den Tag gelegt hatte, indem sie allein den Bauernhof in Ostpreußen verließ, um im Ruhrgebiet Arbeit zu suchen und zu finden. Beim Studium hatte meine Mutter meinen Vater kennengelernt, der lange um sie werben mußte, um sie schließlich zu heiraten. Meine Mutter wollte nämlich eigentlich nicht heiraten; sie wollte nicht als Heimchen hinter dem Herd stehen. Und genau da war sie schließlich doch gelandet. Zwar hatte sie nach dem ersten Staatsexamen noch einige Klassen unterrichtet, aber dann war ich unterwegs, und sie gab ihre Berufstätigkeit bis zu meinem zwölften Lebensjahr auf. So war es auch noch, als wir den Besuch vom Vater meiner Freundin bekamen. Seine Bemerkung hatte sie wohl im Kern getroffen. Meine Mutter wurde nun wirklich ziemlich unfreundlich – ich schämte mich damals und fragte mich, warum sie sich immer so anstellen mußte. Der Vater meiner Freundin verließ bald unverrichteter Dinge unser Haus. Klar, auch mein Vater ist damals bei dem Gespräch dabeigewesen, erinnern kann ich mich allerdings nur noch an den Ausbruch meiner Mutter.

Das Tauschgeschäft – vom Mädchen zur Frau

Nun saß ich also »mutterseelenallein« im Gymnasium. Gut, an den Herd wollte ich sicherlich nicht, aber ließ sich das nicht auch anders bewerkstelligen? Und an meiner Mutter sah ich schließlich den »Erfolg«, den diese Lernerei gehabt hatte. Meine Noten in den unteren Klassen waren nicht berauschend, trotz oder gerade wegen heftigster Lernorgien zu Hause mit meiner Mutter. Ich sperrte mich. Ich wurde krank, so oft, daß immer eine passende Ausrede für meine schlechten Leistungen parat war. Meine frühe Pubertät war wahrlich keine glückliche Zeit für mich. Ich verstand mich selbst nicht mehr. Meine Identität als Mädchen hatte ich noch nicht verinnerlicht. Zwar wollte ich zu der Zeit kein Junge mehr sein, aber ein »richtiges« Mädchen war ich auch nicht. Irgendwie fühlte ich mich weder unter Jungen noch mit Mädchen wohl. Gegenüber Jungen wurde ich immer schüchterner. Das ehemals starke Mädchen war schwach geworden. Etwas war mir abhanden gekommen. Aber was nur, so wunderte ich mich täglich. Etwas fehlte. Ich war nicht mehr ich selbst.

Zwischenzeitlich fühlte ich mich wieder etwas besser. In der Klasse hatte ich eine Handvoll Freundinnen, mit denen ich mich auch nachmittags traf. Wir hatten unseren alten Schuppen als Versammlungsort für unseren Detektivclub fein hergerichtet. Die bröckeligen Wände hatten wir selbst tapeziert, die Tür und alte Stühle bunt angestrichen. In der Ecke stand die Büste von Hermes, dem griechischen Götterboten. In unseren Club wurde nur aufgenommen, wer auch die »Mutprobe« bestanden hatte. In der Nachbarschaft stand eine alte, unbewohnte Villa mit riesigem angrenzenden Park. Dorthin zog es uns, um gruselige Momente zu erleben. Abends bei Kerzenschein lasen wir uns dann, wieder in der Sicherheit des Schuppens, Gespenstergeschichten vor. Diese Zeit der dicken Mädchenfreundschaften habe ich noch in guter Erinnerung. Doch lange sollte diese Phase nicht dauern, denn immer mehr meiner Freundinnen begannen, sich für Jungen zu interessieren. Nicht für die in unserer Schule – dafür gab es noch nicht genug, und die wenigen waren auch zu jung oder wurden nicht ganz für voll genommen. Aber auf Geburtstagspartys tauchten auf einmal gehäuft Jungen auf. Es wurde geraucht und Alkohol getrunken. Ich fing an, mich unwohl zu fühlen. Das war noch nicht meine Welt, denn meine Strategie in bezug auf das männliche Geschlecht bestand noch mehr in Vermeidungstaktik. Nähere Kontakte waren nicht erwünscht, offen demonstrierte Weiblichkeit, die plötzlich einige meiner Freundinnen an den Tag legten, war nicht mein Ding.

In einer Studie über Frauen in Führungspositionen, die rückblickend ihre Erfahrungen in der Schulzeit schildern, kommen Margaret Hennig und Anne Jardim zu folgendem Schluß: »Für Mädchen, besonders die leistungsorientierten, bringt die Pubertät oft eine traumatische Verschiebung in der Definition der Tüchtigkeit mit sich... Erfolgreich ist das Mädchen..., das am meisten begehrt wird. Für Jungen bleibt Tüchtigkeit, was sie immer gewesen ist; objektive Leistung, Erfolg bei dem, was man anpackt.«[36] Von »begehrt werden« konnte bei mir wahrlich nicht die Rede sein. Zwar war ich nicht häßlich, aber ich sah eben noch so aus wie ein kleines Mädchen. Vom Sprießen der vielbeschworenen weiblichen Formen war bei mir nichts in Sicht, und darunter litt ich. Mir war klargeworden, daß der Körper auf einmal wichtig war, nur spielte er bei mir nicht mit, und daran konnte ich leider nichts ändern. Dadurch fühlte ich mich minderwertig. Zwar war ich im Sportunterricht, den wir ohne Jungen hatten, noch immer Nummer eins, aber das war nicht mehr die Art von Körperbeherrschung, die nun gefragt war. Mit Neid schaute ich auf die wippenden Busen meiner Freundinnen. Warum nicht bei mir? Warum war mir das Symbol der Weiblichkeit noch immer versagt? Da gab es zum Beispiel Mitschülerinnen, die bisher eher im Abseits standen und nicht viel »zu melden« hatten. Sobald sie jedoch eine akzeptable Oberweite vorweisen konnten, so kam es mir jedenfalls vor, waren sie auf einmal »in«. Welche Ungerechtigkeit der Natur! Ich stand mittendrin im Tauschgeschäft, in dem Mädchen einen Teil von sich selbst aufgeben müssen, um gesellschaftlich akzeptierte Frauen zu werden.

Marianne Horstkämper, die viel auf dem Gebiet des sich verändernden Selbstbewußtseins der Mädchen in der Pubertät geforscht und geschrieben hat, zitiert das Ergebnis einer Untersuchung von Karin Flaake: »Als Grundtendenz zeichne sich dabei (in der Pubertät – TdJ) ab, daß Mädchen – anders als Jungen – ihr Selbstbewußtsein in geringerem Maße als zuvor über die eigenen Leistungen und Fähigkeiten beziehen können, sondern viel stärker über ihre Attraktivität für Männer. Gerade in dieser Lebensphase sieht sie in der kulturellen Bestimmung von Weiblichkeit für Mädchen geradezu eine Verführung angelegt, ihre hauptsächlichen Träume, Phantasien und Bestrebungen nicht auf die Gestaltung der äußeren Welt zu richten, sondern auf die Gestaltung der Beziehung zum Mann. Sowohl inhaltliche Interessen als auch die Gewichtung eigener Fähigkeiten und Kompetenzen können damit erhebliche Verschiebungen erfahren.«[37]

Die Phase der Adoleszenz – dieser Begriff wird von Entwicklungspsychologen inzwischen dem der Pubertät vorgezogen, da er die psychischen und sozialen Anteile der Entwicklung in dieser Zeit betont – umfaßt ein Altersspektrum vom elften bis zum sechzehnten Lebensjahr. Wie hinlänglich bekannt ist, entwickeln sich Mädchen im allgemeinen circa zwei Jahre früher als Jungen, wobei allerdings die großen individuellen Unterschiede nicht vergessen werden dürfen. Mädchen nehmen ihre Klassenkameraden in diesem Alter nicht ganz ernst. Sie sind die »kleinen Jungs« geblieben. Diese kriegen das natürlich auch mit und »reagieren darauf ihrerseits mit betroffen-aggressiver Abgrenzung von den ›eingebildeten Weibern‹. Mit anderen Worten: Es kann eine Menge Sprengstoff in der Art und Weise enthalten sein, wie Jungen und Mädchen mit dieser Situation umgehen, in der Polarisierungen durch den unterschiedlichen Entwicklungsrhythmus befördert werden und gleichzeitig der skizzierte Entwicklungsvorsprung der Mädchen empfindlich den Anspruch auf männliche Überlegenheit ankratzt«, beschreibt Marianne Horstkämper.[38]

Auch bei Juliane und Sandra, die sich nachmittags mit Jungen treffen und Partys mit Jungen feiern, sind die Vorstellungen vom Frausein gespalten. Den Satz »Das Beste daran, ein Mädchen zu sein« vollendete Sandra so: »Das Gute daran ist, daß der Junge fragen soll. Also kann das Mädchen in Ruhe abwarten.« Und Juliane ergänzt: »Als Mädchen muß man nicht so superhart sein. So rumzukloppen ist nicht meine Sache. Ich mach' mich lieber schön zurecht und sehe gut aus.« Da fällt Sandra noch etwas ein: »Genau, als Junge darf man nicht weinen, man muß immer cool bleiben. Aber dafür sind Jungen vom Aussehen unabhängiger. Die können sich auch mal fettige Haare und so erlauben.« Juliane wirft ihre langen Haare zurück, wie sie es so oft auch im Unterricht tut, und stimmt Sandra zu: »Ja, das Aussehen ist schon wichtig für ein Mädchen. Ist sogar sehr wichtig. Ohne gutes Aussehen kommt man zu nichts. Das ist einfach so.«

»Als Mädchen sollte man schon auffallen, und wenn man nicht gut aussieht, fällt man nicht auf. Jungen fallen eher durch ihr Benehmen auf. Das Benehmen von den Jungen finde ich eher lustig. Wenn die Scherze machen, mache ich gerne mit«, steuert Sandra noch bei. Überrascht bin ich, als Juliane sagt, daß Mädchen ohne Jungen selbstbewußter seien, denn in Anwesenheit der Jungen würden sich manche Mädchen eher zurückhalten. Von Juliane hätte ich eine solche Aussage nie erwartet. Sie scheint äußerlich in der Klasse kein Problem mit dem Selbstbewußtsein zu haben. Allerdings beteiligt sie sich nur wenig am Unterrichtsgespräch. Sollte sie etwa befürchten, durch falsche Antworten bei den Jungen als »Doofchen« dazustehen?

»Ja«, meint sie, »so ein bißchen ist das schon so. Wenn man lange Haare hat und gut aussieht, muß man schon aufpassen, daß man nicht für doof gehalten wird.« Noch so ein Dilemma: Gut aussehen ist wichtig, kann aber auch gefährlich werden. Also im Zweifelsfall lieber nichts sagen. Das erklärt vielleicht auch, warum Juliane sich manchmal meldet, dann aber wieder den Arm senkt, noch ehe überhaupt jemand drangenommen wird. Es ist eigentlich eher selten, daß Mädchen offen zugeben, von Jungen im Unterricht beeinflußt zu werden. Zum Bild eines »erfolgreichen« Mädchens gehört es, mit den Jungen klarzukommen beziehungsweise sich nicht von ihnen beeindrucken zu lassen. Ich hätte früher auch nicht zugegeben, wie abgelenkt ich oft durch die Anwesenheit eines bestimmten Mitglieds des anderen Geschlechts im Unterricht war. Stunden habe ich damit zugebracht, den Bauch einzuziehen, um ihm eine bessere Seitenansicht zu gewähren, und das, obwohl ich mit Sicherheit kein Gramm zuviel auf meinen Knochen hatte. Aber Bauch einziehen bedeutet ja noch viel mehr. Der Bauch, mit dem zweiten und dritten Chakra, beherbergt das Energie- und Gefühlszentrum unseres Körpers. Wenn wir also unseren Bauch ein- oder abklemmen, schwächen wir auch unsere Fähigkeiten, diesen Kräften Ausdruck zu verleihen. Wir beschneiden uns so selbst. Auch mit fettigen Haaren hielt ich mich lieber zurück. Jetzt nicht unnötig Aufmerksamkeit auf sich lenken, lieber morgen wieder mit frisch gewaschenen Haaren. Nur daß dann vielleicht ein Pickel am Kinn das Aussehen ungünstig beeinflußte. Dabei fiel der kleine Pickel wahrscheinlich niemandem auf, in meinen Augen jedoch, oder besser in meinem Kopf, nahm der Pickel ungeheure Maße an, bis mein gesamtes Erscheinungsbild nur noch aus Pickel bestand. Wenn mich jemand anschaute, hatte ich das Gefühl, sie – oder noch viel schlimmer: er – schaut nur auf meinen Pickel. Schrecklich. Wo war das nächste Mauseloch zum Verkriechen, bitte?

Sandra und Juliane brauchen sicherlich kein Mauseloch, sie unterhalten sich mit Jungen auch über Probleme, allerdings so ganz eindeutig ist das Votum hier nicht: Juliane meint zuerst, über bestimmte Themen könne sie besser mit Jungen reden. Mädchen seien manchmal so eifersüchtig (aufs Aussehen, auf die Freundin, etc.). Damit ist Sandra nicht ohne weiteres einverstanden: »Mit Mädchen kann man aber besser über Probleme reden als mit Jungen.« – »Stimmt schon, Jungen sind nicht so sensibel, die würden nie über Probleme reden«, lenkt Juliane ein. Das sei aber, kommen Sandra Zweifel, auch nicht ganz richtig: »Eigentlich ist das nur so, wenn die zusammen sind, alleine sind die viel offener und erzählen Sachen, die man sonst nicht zu hören kriegt.« Welche Sachen Jungen dann so von sich lassen, wollte Sandra nicht erzählen.«

Zehn Minuten später kommen wir wieder auf das Thema Mädchen und Jungen. Juliane glaubt, daß Jungen es nicht zeigen können, daß sie ein Mädchen gut finden. Sie lästerten immer. Nur manchmal seien sie auf einmal ganz nett, um im nächsten Moment wieder »voll auf die coole Tour zu machen«. Wenn sie mit Jungen aus der Klasse alleine sei, wisse sie manchmal gar nicht, was sie sagen solle: »Einmal traf ich mit Sandra in der Stadt zufällig Pit aus unserer Klasse. Wir warteten zusammen auf den Bus und sind auch zusammen gefahren. Bis auf das übliche Gelaber über die Hausaufgaben wußten wir echt nicht mehr, was wir sagen sollten. Und der hat auch nur so rumgesessen und nichts gesagt. Was will man Jungen aus der Klasse auch fragen? Sonst, so mit Freunden außerhalb der Klasse, geht das viel leichter.«

Für Sandra besteht zur Zeit der Umgang mit den Jungen der Klasse vorwiegend darin, sich gegenseitig zu ärgern. Nichts Ernstes, keine echten Gespräche. Sich in der Klasse einfach neben einen Jungen zu setzen, das, so sagt Sandra, würde sich niemand trauen. »Wer weiß, vielleicht kriegen die dann falsche Vorstellungen und machen sich darüber lustig.« In unserem Gespräch wird deutlich, wie unsicher sie in ihren Bewertungen über die Jungen in der Klasse sind. Interessant sind sie eigentlich schon – besonders für Sandra, die mir gesteht, daß sie sich in einen Jungen in der Klasse verliebt habe – aber so richtig wissen sie noch nicht, wie sie die Jungen einschätzen und mit ihnen umgehen sollen. Und das, obwohl gerade sie es sind, die in Pausen und auch während des Unterrichts durch Teilnahme an verschiedensten Störaktionen am meisten Kontakt zu den Jungen haben.

Der Sprung über den Graben

Ich möchte noch einmal auf die Chakren in unserer Bauchregion zurückkommen. Als mir beim Schreiben gewahr wurde, was ich da geschrieben hatte – daß ich im Unterricht und im Umgang mit dem anderen Geschlecht den Bauch einzog, um äußerlich dem gängigen Schönheitsideal zu entsprechen –, wurde mir auf einmal klar, daß dahinter noch viel mehr steckte, als ich damals für möglich gehalten hatte. Baucheinziehen, »Schmetterlinge im Bauch«, wer kennt das nicht. In der Pubertät gehört dieses Gefühl ganz besonders zum Leben. Deshalb möchte ich mich damit etwas mehr beschäftigen.

Die Chakras sind Energieknotenpunkte in unserem

Körper, denen spezifische Eigenschaften zugeordnet werden. Insgesamt hat unser Körper sieben solcher Energiepunkte. Das zweite Chakra (Sitz: unterhalb des Nabels bis zum Schambein) umfaßt die Gefühle, die Sexualität, die Sozialisation, die Reproduktion, und es steht für Bewegung und Veränderung. Darüber hinaus wird das zweite Chakra dem weiblichen Prinzip Yin zugeordnet und repräsentiert Intuition, Wärme und Geborgenheit (bei Frauen liegt das Chakra körperlich im Bereich der Gebärmutter). Das im chinesischen Taoismus begründete Prinzip des Yin (weiblich) und Yang (männlich) steht für die Ganzheit des Seins, das die Gegensätzlichkeiten von männlichen und weiblichen Eigenschaften miteinander vereint. Jeder Mensch trägt danach beide Prinzipien in sich, und es ist unsere Aufgabe, diesen in uns selbst Ausdruck zu verleihen und sie zu leben.

Die in unserer Gesellschaft vorherrschende strikte Trennung von weiblich und männlich, von Frau und Mann, wirkt sich daher verheerend auf unsere Psyche aus. Denn sowohl der Mann als auch die Frau müssen auf wichtige Teile ihres Selbst verzichten. Wenn im Menschen beides angelegt ist, bedeutet die gesellschaftlich geforderte Verleugnung eines der beiden Lebensprinzipien, ob weiblich oder männlich, eine Abspaltung, die einer Ganzheit des Wesenkerns im Wege steht.

Durch eine strikte Trennung von weiblich und männlich muß es fast zwangsläufig zu Problemen kommen, denn jedem Menschen fehlen so wichtige Ausdrucksmöglichkeiten seiner selbst. Diese Misere spüren Jugendliche in der Pubertät, dem »Übergangsalter«, besonders deutlich, wenn auch unbewußt. Kinder sind noch ganz selbstverständlich im natürlichen Gleichgewicht von Yin und Yang. Wenn die Gesellschaft es erlauben würde, könnten sie sich dieses Gleichgewicht (das allerdings schon durch die vielfältigen Sozialisationseinflüsse, zum Beispiel über die Spielzeugauswahl und die elterlichen Erwartungen, geschwächt wurde) über die Pubertät in ihr Erwachsenenleben mit hineinnehmen. Aber die Pubertät ist die Zeit der Trennungen, nicht nur der Trennung von Mutter und Töchtern beziehungsweise Söhnen, sondern auch die Zeit der großen, entscheidenden Trennung von weiblich und männlich. Das ist der Graben, über den die Gesellschaft jedes Mädchen, das Frau werden möchte und jeden Jungen, der zum Mann werden will, zu springen zwingt.

Beim Sprung müssen all die Eigenschaften, die dem anderen Geschlecht zugeordnet werden, abgeworfen werden, um als vollständiges Mitglied in die Gesellschaft aufgenommen zu werden. In Wahrheit handelt es sich auf der anderen Seite des Grabens aber nur noch um ein reduziertes Wesen, das wichtige Teile seiner Selbst verloren hat. Die Suche nach dem verlorenen Gleichgewicht werden Mädchen und Jungen ein ganzes Leben lang in den verschiedensten Bereichen fortsetzen. Kein Wunder also, wenn der Sprung über den Graben mit Angst und Schrecken verbunden ist und daß es immer mehr Jugendliche gibt, die versuchen, diesen Sprung zu verweigern. Eine Verweigerungstaktik sind Eßstörungen, die seit einigen Jahren rapide zunehmen. Interessanterweise werden dem dritten Chakra (Sitz oberhalb des Nabels bis unter die Rippen) Macht und Energie zugeordnet. Können die Energien des Chakras nicht in freie Energie umgesetzt werden, kommt es zu körperlichen Störungen. Frauen wird in der Gesellschaft die Ausübung von Macht noch immer schwergemacht – wenn nicht gar gänzlich versagt. Insofern entwickeln gerade Frauen Störungen, die auf ein blockiertes drittes Chakra weisen: In unserem Körper setzt der Verdauungstrakt die aufgenommene Nahrung in Energie um. Ist der Stoffwechsel jedoch gestört, kann der Körper nicht genügend Energien freisetzen. Der »Rest« setzt sich am Körper als schwere Masse fest: Fettleibigkeit ist das Resultat. Wenn umgekehrt dem Körper nicht genügend Nahrung zugeführt wird, die in Energie umgesetzt werden kann, kommt es zur Schwächung des gesamten Energiehaushalts.

Beide Formen stehen für das gleiche Prinzip: Stillstand durch zuwenig freigesetzte Energie, Erstarrung, keine Bewegung, die Weigerung, sich auf Neues einzulassen, Angst vor der Veränderung. Genau das sind auch die Themen in der Pubertät. Der Sprung über den Graben wird mit allen – falls nötig, auch körperlichen Mitteln – zu verhindern versucht. In einer Gesellschaft ohne Gräben zwischen weiblich und männlich bietet das dritte Chakra das ihm innewohnende Element der Transformation.[39] Unter Beibehaltung des inneren Gleichgewichts von männlich und weiblich könnten Mädchen wesentlich leichter zu einer reifen Weiblichkeit ohne Ausgrenzung männlicher Eigenschaften gelangen. Die Gesellschaft ist, auch dank der Bemühungen der Frauenbewegung, auf dem Weg, Frauen auch männliche Eigenschaften wie Durchsetzungskraft, analytisches Denken, Stärke und Energie zuzugestehen. Bei den Männern sieht das jedoch noch anders aus. Weibliche Eigenschaften, die ja auch Teil des Mannes sind, werden noch immer weitgehend geleugnet und ausgegrenzt. Das spüren die Jungen, wie wir sehen werden, in der Pubertät besonders stark.

Von der Aggression zur Depression

Nach Beobachtungen von Marianne Horstkämper sind Mädchen stärker vom Wandel betroffen als Jungen: Sie haben ein niedrigeres Selbstwertgefühl, ein negatives Bild ihres Körpers (was besonders schwer wiegt, denn dem Körper kommt gerade jetzt eine immense Bedeutung zu, TdJ), eine geringere Emotionskontrolle und äußern eher psychosomatische Probleme. Mädchen in diesem Alter sind, als Gruppe betrachtet, sehr unglücklich. Klaus Hurrelmann von der Universität Bielefeld berichtet von einem höher erlebten Alltagsstreß der Mädchen. Sie litten außerdem mehr unter Kopfschmerzen, Nervosität, Schwindelgefühlen, Schlaflosigkeit, Magenbeschwerden, Konzentrationsschwierigkeiten oder Herzrasen. Zudem fühlten sich Mädchen eher von Traurigkeit und Ängstlichkeit belastet. Mädchen reagieren überdies sensibler auf ihre Körpersignale. »Schon im Jugendalter haben also Mädchen das Gefühl, mit ihren Fähigkeiten der Verarbeitung und Bewältigung von Alltagsproblemen schnell erschöpft zu sein. Im Unterschied zu Jungen drückt sich hierin auch eine große Feinfühligkeit den eigenen Körpersignalen und dem eigenen seelischen Zustand gegenüber aus. Jungen ignorieren viel eher die Signale von Körper und Seele und registrieren später, wenn überhaupt, daß sie sich in einer Überforderungssituation befinden«, so Hurrelmann.[40]

Aber er machte noch eine andere Entdeckung: Mädchen haben ein geringeres Gefühl von Selbstwert und Selbstbewußtsein. Sie empfinden sich selbst oft als unwichtig oder von ihrer sozialen Umgebung als wenig beachtet. Hurrelmann sieht hierin möglicherweise den

Grund dafür, daß Mädchen ihre Probleme und ihren Kummer in sich hineinfressen und gegen sich selbst wenden und dabei verstummen, während Jungen viel stärker ihren Frust außen abreagieren können – und noch wichtiger –, auch dürfen, denn wir haben ja bereits gesehen, daß Mädchen offene Aggressionen in der Gesellschaft übelgenommen werden.

Unausgelebte Aggressionen wenden sich nach innen und wandeln sich dort zu Depressionen, beobachtete die Autorin Ulli Olvedi.[41] Den Auspruch »so benimmt sich doch keine Frau« haben die meisten Mädchen sicherlich öfters gehört. Noch schlimmer allerdings ist die traditionelle Perspektive, die Depressionen, Angstzustände und alle anderen Formen von selbstzerstörerischem, stummen Leid als »typisch Frau« charakterisiert. So sind sie eben, die Frauen: heulerisch, verträumt und passiv. Selbst die traditionelle Psychologie ist in diesem Bild von der »weiblichen Natur« gefangen. Sigmund Freud, der alte Übervater der Psychologie, hat in seinen Interpretationen von der Natur der Frau wohl mehr als einmal kräftig danebengelangt. Wie in der patriarchalischen Gesellschaft üblich, sind auch die gängigen psychologischen Denkmuster vom Mann als Modell ausgegangen.

Elizabeth Debold, Idelisse Malavé und Marie Wilson schreiben in ihrer *Mutter-Tochter-Revolution*: »Wenn man annimmt, daß es zur weiblichen Natur gehöre, emotional depressiv und verängstigt zu sein, warum sollte dann etwa etwas für junge Mädchen getan werden, die sich genau nach diesem Muster verhalten? Aus dieser Sicht sind die Unterschiede zwischen männlichen und weiblichen Jugendlichen nur eine Bestätigung der angeborenen psychologischen Schwachpunkte der Frau.

Wozu sollte man versuchen, heranwachsende Mädchen zu ›heilen‹, wenn die ›Krankheit‹ ihr Frausein ist?«[42]

Die Harvard-Psychologin Carol Gilligan spricht von einer »Wand«, der sich die Mädchen gegenübersehen. »Die Wand ist unsere patriarchalische Kultur, die Frauen niedriger bewertet als Männer und sie weitgehend als sexuelle oder reproduktive Wesen betrachtet. Um die Wand zu durchbrechen, um in Sicherheit zu sein und von der Gesellschaft akzeptiert zu werden, müssen Mädchen einen Teil von sich aufgeben.«[43]

Noch in ihrer Kindheit sind sich Mädchen ihrer selbst bewußt. Sie wissen, was sie denken und fühlen, sie sind im besten Sinne des Wortes »selbstbewußt«. Die Annäherung an die »Wand« geschieht langsam und schrittweise und ist vielleicht deshalb so schwer zu »begreifen«. Die Veränderung ihres Körpers – die Menstruation setzt bei zwei Dritteln der Mädchen heute bereits mit zwölf ein, die Brüste entwickeln sich – setzt eine auch nach außen sichtbare Grenze zur Kindheit. Mädchen haben sich mit Weiblichkeitsidealen auseinanderzusetzen. »Mädchen werden angeschaut, als schön (oder nicht schön) eingestuft, werden zu Objekten idealisierter oder phantasierter Beziehungen. Diese ernormen Veränderungen sind für Mädchen schwer zu verkraften... Durch ihre geschärfte Wahrnehmung der Welt und die Blicke anderer Menschen werden Mädchen extrem befangen und verletzlich.«[44]

Die Superfrau als Vorbild

Die Mädchen beginnen sich nach Vorbildern umzuschauen. In den Medien – Fernsehen und Zeitschriften – sowie in der Werbung werden sie fündig. Doch die Frauen, die sie hier sehen, sind alle auf eine merkwürdige Art und Weise perfekt. Dagegen können sie gar nicht ankommen. Jeder Vergleich mit diesen »Superfrauen« kann nur zu Enttäuschungen führen. Wer sieht schon aus wie Claudia Schiffer oder Madonna? Wie erstrebenswert dies ist, steht auf einem ganz anderen Blatt.

Die Medienforscherin Monika Weiderer analysierte den Inhalt der Programme von ARD, ZDF und RTL, indem sie je eine Woche das Programmspektrum der Sender auf ihre Geschlechtsrollendarstellung untersuchte.[45] Sie kam dabei zu dem Ergebnis, daß die Programme die traditionellen Bilder von Frau und Mann zementieren. Zwar gibt es »Ausreißer« bei beiden Geschlechtern, also eine dominante, kompetente Frau in Führungspositionen und einen schwachen, passiven Mann in untergeordneter Position, doch das Gros entspricht den Rollenklischees in der Gesellschaft. Die Nachrangigkeit von Frauen in den Medien, so zeigt die Untersuchung, läßt sich schon alleine aus ihrer zahlenmäßigen Unterlegenheit ableiten. In Nachrichtensendungen kommt bei fünfundvierzig Prozent aller Meldungen keine Frau vor, und in Sendungen mit Spielhandlung überwiegen Männer mit einem Verhältnis von zwei zu eins. Die Frauen, die vorkommen, entsprechen weitgehend dem Ideal uniformer Jugend und Attraktivität. Männern wird da hinsichtlich ihres Alters als auch in bezug auf ihr Äußeres ein breiteres Spektrum zuerkannt.

»Die Einseitigkeit in der Geschlechtsrollendarstellung, welche Frauen in vielen Fällen auf bloßes Vorhandensein und ihre physische Attraktivität reduziert, kommt... deutlich zum Tragen. Frauen treten mit einer möglichst makellosen physischen Erscheinung ins Bild, die im Gegensatz zum männlichen Idealtyp nicht von den Spuren des Lebens gezeichnet sein darf. Individualität und persönliche Ausstrahlung, die zumindest noch bei einigen Männern im Vordergrund steht, ist bei Frauen kaum gefragt«, schreibt Weiderer.[46]

Auch in ihren Eigenschaften unterscheiden sich die beiden Geschlechter in der Darstellung kraß. Männer werden weitaus häufiger als Frauen als aktiv, zupackend, rational, durchsetzungsfähig, auch aggressiv gezeigt. Frauen hingegen – analog zu allen gängigen Vorurteilen – sind zurückhaltend, freundlich, fürsorglich und hilflos. Da paßt es auch, daß für Frauen Partnerschaft und Familie meist wichtiger sind als Karriere, während Männer dies eher umgekehrt sehen dürfen. Allerdings zeigt sich im Vergleich zu früheren Untersuchungen (1975) eine geringfügige Weiterentwicklung hin zu Gleichberechtigung und Gleichwertigkeit von Frau und Mann. So sind inzwischen auch auf dem Bildschirm Frauen öfters berufstätig, zeigen ein gewisses Aggressionspotential und sexuelle Bedürfnisse und stellen damit das althergebrachte Ideal der asexuellen Mutter und erduldenden Ehefrau in Frage.

»Dennoch dürfen diese Veränderungen nicht darüber hinwegtäuschen, daß in weiten Lebensbereichen der Fernsehfrauen keine Weiterentwicklung erkennbar ist, so bei der Betonung von Schönheit und Jugendlichkeit. Bei ihrer Zuständigkeit für Hausarbeiten, bei ihrem Desinteresse an politischem und gesellschaftlichem Engagement und auch bei der Tatsache, daß berufliche Leistungen für weibliche Zusammenhänge immer noch unwichtiger erscheinen als für männliche.«[47] Die Gründe für diese oft unrealistische Darstellung der Frau im Fernsehen sieht Weiderer in der Gatekeeper-Funktion der Medien: Aus der täglichen Flut von Nachrichten wählen Entscheidungsträger in den Medien – Redakteure, Chefredakteure und bei besonders heiklen Themen auch mal Intendant oder Verleger – die Informationen aus, die dem Zuschauer/Leser weitervermittelt werden. Diese Posten der Entscheidungsebene sind jedoch fast ausschließlich von Männern besetzt. Durch diesen Selektionsmechanismus, betont Weiderer, kämen bewußte Absichten oder auch unreflektierte Rollenstereotypen der Medienmacher zum Tragen. Zum anderen sei das Fernsehen in seiner Ausrichtung auf den konventionellen Publikumsgeschmack (als Beispiel führt sie die Fluchttendenzen der Fernsehzuschauerinnen an, die eine Konfrontation mit bestehenden gesellschaftlichen Problemen nicht wünschen) ein konservatives Element in der Gesellschaft, das damit den Status quo festigt.

Auch wenn es seit einigen Jahren immer mehr hervorragende Journalistinnen gibt, die auch in der politischen Berichterstattung – einst reine Männerdomäne – glänzen, so sind Frauen in Führungspositionen nach den Worten von ZDF-Chefredakteurin Barbara Friedrichs noch immer »Orchideen«. »Da unterscheiden wir (die Medien, TdJ) uns zwar nur unwesentlich von Parteien, Gewerkschaften, Verbänden und Wirtschaftsunternehmen. Aber ich finde, in den Medien ist es besonders bedauerlich. Denn der Einfluß der Medien auf die Meinungsbildung wird in einer Medienwelt immer größer, und Frauen in führenden Positionen hätten hier eine wichtige Vorbildfunktion«, meint Friedrichs.[48] Es sind allerdings nicht nur die Männer, die in mannigfaltiger Weise das Emporsteigen von Frauen in Führungsetagen zu verhindern suchen, oft sind auch die Frauen selbst am Mangel an weiblichen Führungskräften in den Medien »schuld«.

Frauen, so Friedrichs, hätten nicht gelernt, mit Macht positiv umzugehen. Für viele Frauen bedeutet Machtausübung noch immer etwas Schlechtes, Männliches, Unweibliches. »Aber wer Meinung bilden und Meinung verändern will, braucht Macht. Journalistische Themen werden auch durch Macht entschieden. Macht und Harmonie sind keine Gegensätze. Aber der Mut, sich unbeliebt zu machen, weil man als Chef Entscheidungen treffen muß, weil man manche Widerstände nicht durch Einsicht überwinden kann, sondern das berühmte ›Machtwort‹ sprechen muß, all dies gehört dazu.«[49]

Mit der Ausübung von Macht haben auch viele Lehrerinnen Probleme. Viele Jungen spüren das instinktiv. Sobald eine Lehrerin wirklich ernsthafte Konsequenzen bei Disziplinverstößen ankündigt, wird der junge Mann in vielen Fällen äußerst charmant – das konnte ich in vielen Fällen selbst beobachten. Die Lehrerin, die sich sowieso unwohl fühlt in ihrer Rolle als Vollstreckerin der Macht, so erklärt mir Maria Anna Kreienbaun, geht nur zu gerne auf den angebotenen »Waffenstillstand« ein. In dieser Situation fühlt sie sich wieder als Frau bestätigt und braucht nicht weiter in einer von ihr als unweiblich – und damit unangenehm – erlebten Lage zu verharren. Das würde auch erklären, warum Mädchen schneller von Lehrerinnen bestraft werden als Jungen (obwohl sie nachgewiesenerweise weitaus weniger stören). Allerdings erklärt das nicht, weshalb Mädchen auch von Lehrern eher zur Nettigkeit ermahnt werden als Jungen.

Zur Nettigkeit verdammt

Mädchen befinden sich oft in einer »no win-Situation«. Sie sind zur Nettigkeit verdammt. Sie glauben, besser zu fahren, wenn sie in der Schule den Lehrern und Lehrerinnen keine Schwierigkeiten machen oder sie sogar unterstützen. Ihre Interessen wie die Jungen zur Not auch mit Nachdruck und Aggression einzufordern, das funktioniert erfahrungsgemäß nicht. »Die Lehrer und Lehrerinnen mögen Mädchen besser leiden, weil wir netter sind«, erklärte mir Marie Louise aus der achten Klasse. Doch mit diesem Verhalten bugsieren sich die Mädchen selbst ins Aus, denn auf die »Netten« wird weniger geachtet. Trotzdem ist es für die meisten Mädchen (und später auch – wie wir gesehen haben – für viele Lehrerinnen) sehr wichtig, »gemocht« zu werden. Deshalb fügen sie sich dem ungeschriebenen Diktat der Gesellschaft. Es gehört schon eine Menge Mut dazu, aus diesem Dilemma auszubrechen, denn unangepaßtes Verhalten wird bestraft.

Für Melanie hat ihr Durchsetzungswille auch Konsequenzen gehabt: Sie hat kaum Freunde in der Klasse und wird als »Streber« gehandelt. Für Melanie sind gute Noten wichtig. »Man wird nur gelobt, wenn man viel leistet. Beim Mann wird das als selbstverständlich vorausgesetzt«, vertraute sie mir an. »Ich lasse mir von Jungen nichts gefallen. Einmal hat ein Junge aus der Klasse mein Etui hinter der Tafel versteckt. Dem habe ich eine geknallt. Der macht das nicht wieder.« Melanie braucht den Erfolg in der Schule für ihr Selbstwertgefühl. Im Unterricht beteiligt sie sich aktiv und engagiert, aber im sozialen Bereich klafft die Lücke. Mit ihrer ehemals besten Freundin aus den Grundschultagen hat sie nichts mehr zu tun, denn die hat ihre Interessen verlagert – auf die Jungen. Schule bedeutet ihr nur noch eine lästige Pflicht. Melanie fühlt sich verraten. Schularbeiten macht ihre ehemalige Freundin nur selten. Anfänglich hatte ihr Melanie dabei immer ausgeholfen, aber mit der Zeit wurde es ihr zu blöd: »Jetzt gebe ich meine Hausaufgaben nur weiter, wenn es jemand wirklich nicht geschafft hat zu Hause. Wenn man bei mir immer alles abschreiben will, das mach' ich nicht mit. Denn als Dank bekommt man einen Tritt, und dann heißt es ›Tschüßchen‹. Nein, mit mir nicht mehr.« So kämpft Melanie einen einsamen Kampf in der Schule. Obwohl Melanie gut aussieht mit ihrer Modelfigur und den endlos langen Beinen, kommt sie bei den Jungen in der Klasse nicht sonderlich an. Sie hat den »Fehler« gemacht, die Überlegenheit des männlichen Geschlechts nicht anzuerkennen. Noch schlimmer: Sie hat sich auf einen beinharten Konkurrenzkampf mit ihnen eingelassen. Sie versucht, die Jungen mit ihren eigenen Waffen zu schlagen. Das kann nicht gutgehen – jedenfalls was ihre Beliebtheit angeht.

Vielleicht hätte Melanie in einer anderen Klasse oder einer anderen Schule mit ihrer Taktik mehr Erfolg. Denn es gibt eine achte Klasse, in der zu meinem großen Erstaunen die Mädchen das Sagen haben. Nicht daß die Jungen in der Klasse nur »Schlappschwänze« wären, ganz im Gegenteil: Sie hatten anfänglich durchaus ihr männliches Talent zu beweisen versucht, aber inzwischen herrscht in der Klasse eine kaum zu glaubende Harmonie. Doch dazu später noch mehr. Im »Normalfall« allerdings scheint Uta Enders-Dragässers Einschätzung der Lage durchaus zuzutreffen: »Bei dem von Konkurrenz geprägten Interaktionsstil in koedukativen Klassen... geraten Mädchen häufig in paradoxe Situationen und damit in Rollenkonflikte, weil sie immer vor der ›Wahl‹ zwischen zwei Übeln stehen...: Wenn sie mithalten, sich konkurrent verhalten, erscheinen sie ›männlich‹, ›fallen aus der Rolle‹ und werden dafür sanktioniert. Wenn sie sich nicht konkurrent verhalten, beschränken sie sich selbst in intellektueller Hinsicht und werden darüber hinaus nicht ernst genommen. Angesichts dieses Dilemmas entscheiden sich viele Mädchen oft resignativ dafür, sich zurückzunehmen, sich inaktiv, passiv in der Unterrichtssituation zu verhalten, gar zu verstummen.«[50]

Zurück zu Melanie. Nach außen leidet sie nicht unter ihrer Situation. Sie würde – ähnlich wie ein Junge – Schwäche nur ungern zugeben. Aber es ist ein Armutszeugnis für unsere Gesellschaft, daß ein Mädchen, weil es Erfolg haben möchte, jetzt und auch später im Leben zur Aussätzigen wird. Das hört sich zwar überspitzt an, ist aber im Kern leider wahr. Leistungsstreben und Weiblichkeit ist auch heute noch in vielen Fällen unvereinbar. Das beginnt in der Familie, wird in der Schule verstärkt und setzt sich später im Berufsleben nahtlos fort. Über eine Frau um die Vierzig ohne Mann und ohne Kinder, aber erfolgreich im Beruf, wird hinter vorgehaltener Hand gelästert, wobei zahlreiche Variationen von »unweiblich« eine maßgebliche Rolle spielen dürften.

Marie Louise ist ein ganz anderer Typ als Melanie. Auch sie macht ihre Schularbeiten und schreibt gerne gute Noten. Aber sie gehört zu den »Stillen« in der Klasse. Sie ist also so eine unverzichtbare Stütze sämtlicher Lehrkräfte. Sie hat die Normen und Werte unserer Gesellschaft verinnerlicht. Sie ist ein »richtig liebes und nettes Mädchen« mit braunen, offenen langen Haaren, großen braunen Augen und modisch gekleidet, wenn auch unauffällig. Allerdings steht auch sie unter dem Verdacht, eine Streberin zu sein. Das kann sie nur schwer verstehen, und sie leidet auch unter dieser Klassifizierung. Mit ihrer Rolle als angehende Frau ist sie noch nicht ganz im reinen. Ich fragte sie, ob sie einen Satz für mich vollenden würde. Er lautete: Das Beste daran, daß ich ein Mädchen bin, ist... Marie Louise zögerte lange, ehe sie etwas sagte: »Ich weiß nicht so genau. Da gibt es ja so ziemlich viele negative Dinge. Zum Beispiel die Periode. Und dann, na ja, die Sache mit den Vergewaltigungen. Sicherlich ist es auch schön, ein Mädchen zu sein, aber ich weiß im Moment nicht genau, was.«

Nicole, ihre Freundin, ein sportliches, hübsches Mädchen mit dunklen Naturlocken, meint dazu: »Früher habe ich immer gedacht, ›gut, daß ich kein Junge bin, sonst müßte ich zur Bundeswehr‹. Aber da lernt man wenigstens sich zu verteidigen. Frauen müssen lernen, sich mehr zu verteidigen, das ist schon wichtig, auch wegen der Vergewaltigungen.« Marie Louise wäre wohl gerne perfekt (gute Noten bekommen, in der Klasse gemocht und respektiert werden) – auch wenn sie es nicht so deutlich sagt. Unter dem Druck des Perfektionismus stehen unzählige Mädchen (und Frauen).

Aber perfekt zu sein ist gar nicht so einfach. Heute noch weniger als vielleicht gestern. Denn die Werte und Normen in unserer Gesellschaft sind nicht mehr ganz so festgefügt, wie dies noch vor dreißig Jahren der Fall war. Wir befinden uns in einer Zeit des Umbruchs. Die alten Ideale haben noch nicht ganz abgedankt, und die neuen – inwieweit es überhaupt neue gibt, sei dahingestellt – haben sich noch nicht ganz durchgesetzt. Mädchen, die in der Adoleszenz ihren Platz in der Gesellschaft erst noch finden müssen, haben es besonders schwer. Wohin sollen sie sich wenden? Nach hinten, nach vorne, in die Mitte?

»Gerade für Mädchen entsteht zusätzlich Unsicherheit, weil ihnen zwar stereotype Erwartungen weniger aufgedrückt werden als in der Vergangenheit, teilweise inzwischen untypisches Verhalten geradezu gefordert wird – ohne daß aber Klarheit darüber besteht, wieviel Distanzierung von der traditionellen Frauenrolle denn nun erwünscht oder mindestens erlaubt ist. Aus dieser Perspektive betrachtet stehen Mädchen also unter hohem Sozialisationsdruck, der noch dazu in sich widersprüchlich ist: Es existieren zum einen auch heute noch stark einschränkende Normen und Verhaltenserwartungen ... Gleichzeitig gibt es aber auch gegensinnige Anforderungen auf Widerstand gegen solche geschlechtstypischen Erwartungen, die ihrerseits bei Erfüllung das Risiko beinhalten, als ›nicht mädchenhaft genug‹ abgelehnt und sozial ausgegrenzt zu werden.«[51] Bevor wir jetzt in Mitleid mit den »armen« Mädchen hinwegschwimmen, sollten wir uns vielleicht vor Augen halten, daß gerade auch solch nicht festgelegte Situationen eine gewisse Freiheit in sich bergen. Es besteht also durchaus die Chance, einen wahrhaft individuellen Weg zu gehen. Doch dazu braucht es Selbstbewußtsein und auch Unterstützung. Aber woher soll diese kommen?

Vorbild Mutter

In den letzten Jahren hatte die Mutter/Tochter-Literatur Hochkonjunktur. Deshalb werde ich mich bei diesem Thema auf das Nötigste beschränken. Mütter sind das erste Rollenvorbild, das Mädchen haben, und sie bleiben es auf seltsame Art und Weise oft ein ganzes Leben lang. Auch wenn sich die Tochter noch so sehr um Abnabelung bemüht, sie bleibt nur zu oft unfreiwillig ihr Leben lang »Muttis Mädchen«. Oft wird Müttern vorgeworfen, sie »klammerten« und ließen ihre Kinder nie frei. Die Auswirkungen einer »klammernden« Mutter werden für Jungen als noch schwerwiegender beschrieben als für Mädchen. Mädchen können die Mutter als Identifikationsobjekt beibehalten, Jungen nicht. Gesellschaftlich wird allerdings von beiden Geschlechtern gefordert, daß sie sich von der Mutter trennen.

Eine erste Trennung, so erklärt Michael Rotman, beginnt bereits im Alter von achtzehn Monaten, wenn eine Beziehung zum Vater aufgebaut und der Grundstein für eine »Dreiecksbeziehung« gelegt wird. Damit wird eine ausschließliche Fixierung auf die Mutter verhindert. Die aktive Rolle des Vaters wird insbesondere für den Jungen als wichtig beschrieben, da er sich durch ihn seine Geschlechsidentität sichert und die Trennung von der Mutter einläutet. Doch hier macht in vielen Fällen der Vater einen Strich durch die Rechnung, wie die Frauenforschung (hier sei auf Nancy Chodrows *Das Erbe der Mütter* hingewiesen) festgestellt hat. Der Vater ist nämlich meist zu wenig anwesend und an der Erziehung zu unbeteiligt, um überhaupt zu einer wichtigen Bezugsperson werden zu können. Der Vatermangel hat für Jungen fatale

Folgen, für Mädchen bleibt er allerdings auch nicht ohne Folgen, denn nur durch eine Beziehung zu ihm können sie Autonomie gewinnen und sich von ihrer Mutter abgrenzen und absetzen.

Gerade diese als notwendig erachtete und propagierte Trennung von der Mutter ist für das Autorinnenteam Elizabeth Debold, Idelisse Malavé und Marie Wilson eine Lüge des Patriarchats, das Interesse daran hat, Frauen voneinander zu trennen und sie als Konkurentinnen gegeneinander auszuspielen: »Experten erzählen unseren Müttern, daß sich jedes Kind lösen müsse, um seine Autonomie zu erlangen. Das ist eine Lüge. Sie bringt die Gefühle einer Mutter in Konflikt mit den gesellschaftlichen Normen, die bestimmen, was für das Wachsen und Gedeihen von Kindern notwendig ist. Außerdem führt die Trennungslüge Mütter zu einem ungewollten Verrat an den Töchtern.« Durch den Verlust generationsübergreifender Frauennetzwerke, gefördert durch »die Priester des Patriarchats« – die Ärzte und Psychologen –, so folgern die Autorinnen, entfernen sich Mütter immer mehr von den Möglichkeiten, sich für ihre Mutterrolle Hilfe zu holen, und liefern sich immer mehr den Experten aus. Es entstehe sogar eine neue Dreiecksbeziehung: die Mutter, das Kind und der Experte.[52] Die Experten allerdings stützen sich auf Theorien, die von männlichen Erfahrungen ausgehen. »Emotionale Trennung wird mit Autonomie verwechselt, mit der Fähigkeit, für sich selbst zu sorgen, selbstbestimmt zu leben. Trennung und Autonomie sind nicht dasselbe: ein Mensch muß sich nicht gefühlsmäßig von anderen trennen, um autonom zu sein... Um eine ›richtige‹ Mutter zu sein, entfernen sich Frauen von ihren Töchtern und beginnen sie so zu sehen, wie es die Gesellschaft will. Das stärkt den Mädchen nicht den Rücken, im Gegenteil, dieser Vertrauensbruch schwächt sie und macht sie haltlos«, schreiben Debold, Malavé und Wilson. Daraus kann gefolgert werden, daß sich eine Allianz von Mutter und Tochter positiv auswirken müßte. Eine Frauenrechtlerin teilte mir dazu ihre Beobachtungen mit, daß Mädchen, die ein positives Verhältnis zu ihrer Mutter haben, selbstbewußter sind und weniger Probleme mit ihrer Weiblichkeit haben.

In dem Brigitte-Dossier *Mütter und Töchter – die neue Solidarität* kommt Katja, neunzehn, drei Geschwister, aus München, zu Wort: »Wenn meine Mutter sich nicht ganz besonders um mich gekümmert hätte, wäre ich als Brave und Problemlose total untergegangen. Wenn mich für die Zeit nach dem Abi mal wieder die Zukunftsangst überfällt, pumpt sie mich mit Selbstbewußtsein voll: Sie zählt mir meine sämtlichen guten Eigenschaften auf. Allein ihr grenzenloses Zutrauen, daß ich alles schaffen kann, wirkt Wunder!« Auch die Schule könnte das ihrige dazu tun, das so wichtige Selbstvertrauen der Mädchen mehr zu fördern, anstatt – wie jetzt noch vielerorts üblich – das angekratzte Ego weiter zu schwächen.

Mit Jungen »rummachen«

In der Pubertät ändert sich auch das Verhältnis zu den Jungen. Die oft schon im Kindergarten abgesteckte Vorliebe, vorrangig mit Mitgliedern des eigenen Geschlechts zu spielen, wandelt sich.

Dabei sind aber noch große Ambivalenzen im Spiel. Einerseits möchten sie gerne mit Jungen näher in Kontakt treten, einige sind auch in einen bestimmen Jungen in der Klasse verliebt, aber meist bleibt es beim platonischen Schwarm aus der Ferne. Auch Marie Louise und Nicole halten gegenüber den Jungen noch ihre Distanz. Und das, obwohl auch Marie Louise einen Jungen in ihrer Klasse »echt süß« findet. Ihr doppeltes Problem ist klassisch: Zunächst weiß sie nicht, ob er sie auch gut findet (»bestimmt nicht«), und außerdem ist die Hälfte der Mädchen in der Klasse auch scharf auf ihn.

Nicole erklärt mir: »Also, bei uns in der Klasse gibt es so grob geschätzt zwei Gruppen von Mädchen: Die eine Gruppe würde alles tun, um einen Jungen zu kriegen, die anderen machen noch das meiste zusammen mit Mädchen. Wir gehören zur zweiten Gruppe. Wir gehen mit Freundinnen ins Kino, oder wir treffen uns zu Hause und klönen gemütlich (auch über Jungen). Wahrscheinlich werden wir auch deshalb als »Streber« eingeschätzt, obwohl das gar nicht stimmt, denn so gute Noten haben wir schließlich auch nicht. Da ist ein Mädchen in der anderen Clique, die ist eigentlich viel besser in der Schule. Die wird aber nicht Streber genannt, weil die schon mit Jungen ›rummacht‹. Mädchen fühlen sich dadurch aufgewertet, wenn sie schon mal mit einem Jungen zusammenwaren, die können dann sagen: ›Ich bin schon mit soundso gegangen.‹ Im Poesiealbum gibt es sogar eine extra Rubrik, die heißt: ›gegangen mit: . . . ‹ Wir lassen das meistens aus oder schreiben: ›keine Eintragung‹.«

Auch Marie Louise fällt zum Thema Jungen noch etwas ein: »Die Mädchen schmeißen sich eher an die Jungen ran als die Jungen an die Mädchen. Die Mädchen meinen wohl, sie sind schon so alt. Jungen finden es vielleicht toll, mit so einem Mädchen rumzumachen, weil sie sich dann cool vorkommen. Aber später wird das dann anders.« Mit dem für sie typischen leisen Lächeln erklärt sie, was sie damit meint: »Als meine Mutter kürzlich von einem Klassentreffen wiederkam, erzählte sie, daß die Mädchen, die schon so früh mit Jungen rumgemacht hätten, inzwischen schon alle dreimal geschieden seien. Nur die anderen hätten jetzt noch eine glückliche Familie. Meine Mutter sagt, die richtigen Jungen kommen erst später. Das hält jetzt sowieso noch nicht. Also ich glaube, die Jungen gehen jetzt mit den Mädchen, weil es in ist, mit jemandem zu gehen. Aber Gefühl spielt da noch keine Rolle. Ich würde nie mit einem Jungen gehen, nur weil er mich gefragt hat. Ohne Gefühl ist das alles nichts. Ich würde mich nie so wegschmeißen.«

Mädchen haben große Angst, als »Schlampe« abgestempelt zu werden. Dann sind sie nichts mehr »wert«. Große Angst haben sie davor, daß Jungen »nachher« über sie herziehen oder damit angeben, mit welchen Mädchen sie schon was »gehabt« haben. Denn während der Junge dann als toller Hecht dasteht, ist das Mädchen »fertig«. Sie steht dann vielleicht namentlich an irgendeiner weißen Schulwand, so daß es alle lesen können: »Steffi, Schlampe.«

Diese Ansichten fand ich wohlgemerkt bei Teenagern der neunziger Jahre. Von der großen sexuellen Befreiung und Aufklärung ist hier nicht viel zu spüren. Mädchen in der Pubertät stehen auch hier vor einem Dilemma: Einerseits möchten sie ihr sexuelles Verlangen stillen, andererseits laufen sie dadurch Gefahr, aus dem gesellschaftlich akzeptierten Rahmen zu fallen. Und dabei wird Weiblichkeit von ihnen erwartet, und sie sollen (und wollen) den Jungen gefallen. Hinzu kommt die Angst, daß diejenige, die sich zu lange ziert, vielleicht den Freund verliert. »Mädchen, die ›gut‹ sein müssen, sind psychisch gefährdet, wenn sie sich zu ihrer Sexualität bekennen und sie für sich beanspruchen. Ihre sexuellen Empfindungen sind riskant, sind ›schlecht‹, denn ein sexuelles Wesen zu sein ist schändlich, und das Mädchen läuft Gefahr, von ihrer Familie und ihren Freunden gemieden zu werden«, schreiben Debold, Malavé und Wilson.[53]

Zu diesem Dilemma gesellt sich noch der Druck der Gleichaltrigen, der sogenannten Peer-group, der in diesem Alter immer größere Bedeutung zukommt. In dem Maße, in dem der Einfluß der Familie schwindet, gewinnt die Peer-group an Wichtigkeit. Das Wort der Gleichaltrigen – insbesondere der jeweiligen »In«-Gruppe, die das Sagen hat –, wird zum Maßstab des Handelns. Dies bedeutet in der Pubertät eine neuerliche Zerreißprobe für Mädchen, aber auch besonders für Jungen. Noch sind sie auf der Suche nach Eigenständigkeit und Unabhängigkeit und sind so zwischen Familie und Peer-group und den damit verbundenen divergierenden Maßstäben und Werten hin- und hergerissen. Beiden gerecht zu werden ist kaum möglich. Die Folge kann eine tiefgehende Desorientierung sein, eine Angst vor den Veränderungen, die bevorstehen, beziehungsweise schon im Körper geschehen. »Die zahlreichen Gewichts- und Eßstörungen – Fettsucht und Magersucht – sind auch Versuche, die Veränderung zur Frau mittels geistiger Stärke aufzuhalten oder sich beim Eintritt in eine männlich orientierte Welt zu tarnen. Befangenheit wird fast zum Fluch, denn allzuoft müssen Mädchen beschämt feststellen, daß sie den Ansprüchen nicht genügen.«[54] Insbesondere Eßstörungen, allen voran Bulimie (Eß-Brechsucht) und Anorexie

(Magersucht), sind auf dem Vormarsch, wobei Mädchen davon im Verhältnis sieben zu eins gegenüber Jungen betroffen sind. Zunehmend beobachten Wissenschaftler die Eßstörungen schon in einem Alter von unter dreizehn Jahren. Diese Krankheiten sind auch auf das gesellschaftlich propagierte Schönheitsideal des Schlankseins zurückzufühen. Wie bei so vielen ursprünglich psychisch begründeten Problemen, wird dabei der Körper zum Schlachtfeld der Gefühle. Auch Dicksein wird in unserer Gesellschaft bestraft, es wird als Stigma empfunden. Eine amerikanische Untersuchung belegt sogar einen Zusammenhang zwischen Fettleibigkeit und vermindertem intellektuellen Erfolg. So liegt die Wahrscheinlichkeit, daß extrem übergewichtige Mädchen ein College besuchen, um zwanzig Prozent niedriger als für ihre dünneren Geschlechtsgenossinnen.[55] In unserer Gesellschaft ist Schlanksein gleichbedeutend mit Erfolg, Stärke und positiver Selbstkontrolle. Fettleibigkeit hingegen wird gleichgesetzt mit Versagen, Schwäche, Schlampigkeit und Unterlegenheit. »Wir fordern Mädchen mit Vehemenz auf, die Begrenzungen der Tradition hinter sich zu lassen – den Herd, die Schürze und die weiche, stämmige Figur als Resultat zu vieler Geburten –, um in die Welt der Männer einzutreten. Aber an jeder Ecke erinnern wir sie, daß ihre Fähigkeiten allein ihnen nicht den Platz am Tisch des Erfolges sichern werden: ›um es alles zu haben‹, müssen sie auch einem unrealistischen Schönheitsideal entsprechen, das – von den Medien unterstützt und gefördert – heißt: ›Eine Frau kann nie zu dünn sein.‹«[56]

Das Mädchen befindet sich somit auf dem steilen Weg zur »Superfrau« – dem Pendant zum »Superman«. Zahlreiche Studien aus den USA zeigen, daß Mädchen ihren

Körper als wichtigstes strategisches Mittel sehen, ja, daß sie sogar glauben, durch ihren Körper definiert zu werden – unabhängig davon, wieviel Erfolg ihnen auf anderen Gebieten auch zuteil wird. Vertrauen in ihr Aussehen wird als der wichtigste Faktor in der Bestimmung für ihr Selbstbewußtsein angegeben. Jungen hingegen bestimmen ihr Selbstwertgefühl durch ihre Fähigkeiten, die sie zudem öfters überschätzen.[57]

5. Im »Männlichkeitswahn« – Jungen auf dem Weg zum Mann

»Außerdem habe ich sowieso immer alles richtig«

Selbstbewußt sind sie sicherlich, die Jungen – jedenfalls benehmen sie sich so. Sie scheinen unter dem permanenten Druck zu stehen, sich profilieren zu müssen. Das war mein erster Eindruck, der sich mir aufdrängte, als ich in die Klassen ging. In all den Stunden stiller Beobachtung kristallisierten sich einige »typische« Verhaltensweisen heraus, die ich immer wieder beoachten konnte, und zwar durchgehend von Klasse zu Klasse und von Fach zu Fach. Auch wenn es einige, zum Teil sogar erstaunliche Unterschiede in den Reaktionen auf einzelne Lehrpersonen gab, scheint das Verhaltensrepertoire trotzdem recht stabil zu sein. Hierzu einige Beispiele.

Ich sitze im Mathematikunterricht einer achten Klasse in einer Gesamtschule. Ein Junge rechnet an der Tafel vor. Er macht eine regelrechte Show aus seinem Auftritt. Offensichtlich genießt er es, im Rampenlicht der allgemeinen Aufmerksamkeit zu stehen. Als er die Aufgabe richtig gelöst hat, applaudiert er sich selbst und stiefelt in Siegerpose, die Hand zum Triumph hoch erhoben, an seinen Platz zurück. Nun soll ein Mädchen vorrechnen. Sie hat kein leichtes Spiel an der Tafel, denn sie wird von Mitgliedern des anderen Geschlechts ständig unterbrochen: »Gar nicht wahr!«, »Doofe«, »Kannst schon aufhören«. Als sie schließlich fertig ist, geht das Mädchen schnellstens ab. Sie hat (verständlich) nicht das Verlangen, länger als unbedingt notwendig vorne an der Tafel zu bleiben. Bei allen Vorrechensituationen, die ich erlebt habe, kam es nur einmal vor, daß ein Mädchen positive Unterstützung von der Jungengemeinde erhalten hat. Aber dieses »hey, super« und das bewundernde Raunen klangen fast so, als wollten sie eigentlich sagen: »Das hätten wir dir gar nicht zugetraut.«

Die Jungen sind die ganze Zeit ständig in Bewegung. Einer zappelt mit seinem Bein. Immer auf und ab, der ganze Körper wackelt mit. Ein anderer hantiert mit seinem Lineal herum wie mit einem Flitzebogen – Trockenübung fürs Papierschnitzelschleudern. Sein Nachbar wackelt mit seinem Stuhl, stellt ihn auf die äußerste Kante, so daß er fast damit umfällt. Zwei knuffen sich gegenseitig, immer hin und her. Aber auch bei der Unterrichtsbeteiligung gehen die Jungen nicht gerade sanft miteinander um. Ein Junge meldet sich und wartet tatsächlich, bis er drangenommen wird – meist brüllen sie nämlich ihre Beiträge einfach wild in den Raum. Sein Nachbar kommentiert sofort: »Der Doofe.« Dann kommt die Antwort, sie ist falsch. Der Nachbar: »Hab' ich doch gleich gesagt, du bist doof.« Der Junge mit der falschen Antwort macht sich nichts draus und lacht. Beim nächsten Mal sagt er etwas richtig. Sein Nachbar versteht das nicht. »Häh?« Der gerade noch Gedemütigte kontert sofort: »Siehst du, oller Sack, das kannst du wohl nicht.«

Die Rolle des Kommentators übernehmen die Jungen

oft und gerne. Kommentiert wird fast alles. Irgendeinen Jungen gibt es immer, der zu jeglichen Bemerkungen, Antworten und Aufgabenstellungen seinen – wie er meint – humorvollen und extrem intelligenten Senf dazugibt. Auch die Anmerkungen der Lehrerin unter den korrigierten Tests werden ironisch kommentiert und laut vorgelesen. Es klingt, als ständen die Jungen weit über jeglicher Kritik. Wenn sie einmal etwas nicht verstehen – was an sich ungern zugegeben wird –, dann nur nach dem Motto: »Ach, so ein Mist.« Oder aber Mann junior stellt gleich alles in Frage, nur seine eigene Fähigkeit nicht. Die Auflösung einer Aufgabe wird an die Tafel geschrieben. Ein Junge hat es anders. »Das ist Betrug, das ist nicht richtig. Da muß doch noch 'ne Acht hin, oder?« Lehrerin: »Ja.« »Ich hab's doch gleich gesagt. Na, ich hab' sowieso immer alles richtig.«

Die ständigen Störaktionen der Jungen reichen der Lehrerin jetzt endgültig. Sie beordert einen Störenfried an einen Einzeltisch. Dieser schaltet sofort auf Prince Charming: »Oh, entschuldigen Sie bitte, ich wollte das gar nicht, aber Leo hat angefangen...« Die Lehrerin ist allerdings zu sauer, um auf die Charmingnummer zu reagieren. Sie besteht darauf, daß er sich an den Einzeltisch setzt. Der strafversetzte Junge ist sichtlich beleidigt und beteiligt sich demonstrativ nicht mehr am Unterricht. Erst am Ende der Stunde klinkt er sich wieder mit diversen Störaktionen ein. Nach einer Pause der Stillarbeit fragt die Lehrerin, wer alle Lösungen richtig habe. Der Jungenchor brüllt mit erhobenen Händen in Einigkeit »ich«. Diejenigen, welche sich die ganze Zeit anderen Dingen gewidmet haben und kaum einen müden Gedanken an die anliegenden Aufgaben vergeudet haben, schreien besonders laut. Auch das ist typisch: Alle Jungen haben immer alles richtig.

Es ist Zeit für die Gruppenarbeit. Jede Gruppe hat einen kleinen Stapel mit Rechenaufgaben bekommen. Sie können sich von den Aufgabenkärtchen einige aussuchen. Die Gruppe direkt vor mir besteht aus zwei Jungen und einem Mädchen. Der Wortführer Jan schlägt vor, doch erst mal eine gemütliche Runde Mau-Mau oder Canasta zu spielen. Er fragt: »Wer gibt?« Das Mädchen findet das gar nicht lustig. Als sie sich das Geplänkel der beiden Jungen eine Weile schweigend mit angehört hat, sagt sie betont lustig: »Also, wir legen erst mal alle Kärtchen auf den Tisch.« Jan kommt dieser Tonfall offenbar bekannt vor, denn er stöhnt: »Ja, Mama, sicher, Mama, ich weiß, Mama, machen wir alles für dich. – Mama, du sollst mich nicht schlagen.« Kurz darauf breiten sie tatsächlich die Kärtchen aus, um die Aufgaben zu sichten. Jan kann es aber nicht lassen: »Hey, die Karte nicht. Merkt ihr denn nicht, die (Lehrerin) will uns doch bloß reinlegen. Das macht die extra.« Es dauert nicht lange, da schlägt er wieder eine Runde Mau-Mau vor. »Das haben wir uns jetzt verdient.« Eine andere Gruppe vermeldet laut: »Wir sind fertig.« Jan ist gar nicht beeindruckt, er merkt cool an: »Hey, ihr habt alle geschummelt, ihr ollen Schummler, ihr!«

Am nächsten Tag ist Jan so richtig in Fahrt. Er erzählt gerade lauthals Werbespots. Andere beteiligen sich gerne an diesem interessanten Thema. Doch einige Mädchen in der anderen Ecke der Klasse sind sichtbar sauer: »Könnt ihr nicht mal ruhig sein?« maulen sie vor sich hin. Schließlich schreitet auch die Lehrerin ein: »Jan, hast du eine Uhr? Von jetzt an hältst du fünf Minuten deinen

Mund.« Linda schreit dazwischen: »Was kriegt er denn? Einen Kuß?« Es wird laut in der Klasse, aber Jan ist still. Linda: »Wetten, daß ich das auch kann? Was krieg' ich, wenn ich mal den Mund halte?« Keine Reaktion der Lehrerin. Doch Linda läßt nicht locker: »Los, sagen Sie schon, was krieg' ich, wenn ich ruhig bin?« Jans Tischnachbar sagt: »Nichts, einen Tritt in den Arsch.« Linda: »Also, ich krieg' was, ich bin jetzt zehn Minuten ruhig.« Es kehrt konzentrierte Stille ein. Doch kurz vor Ablauf der fünf Minuten Redeverbot für Jan melden sich schon die ersten Mädchen: »Jan, die Zeit ist gleich um. Fünf, vier, drei, zwei, eins...« Jan fängt sofort an zu reden. Da, wo er vorhin aufgehört hat. Die Lehrerin sagt: »Es war gerade so schön ruhig.« Sie fragt die Klasse: »Wie hat es euch gefallen?« Die Klasse ist sich einig: »Es war toll« – »Und, Jan, wie hat es dir gefallen?« Jan: »Schlecht.« Sein Nebenmann und Witz-Compagnon, Fabian, (mit dem Wahlspruch: »Ich bin intelligenter als du«) sagt: »Es war besser, so ruhig. Mach doch noch mal fünf Minuten.« Jan: »Okay, was bekomm' ich dafür?« Lehrerin: »Wenn du jetzt ruhig bist, gibt es nächste Woche Negerküsse« (in Anspielung auf seine vorher zitierten Werbesprüche). Jan: »Nur für mich?« Die gesamte Klasse brüllt sofort auf: »Ne, für alle!« Lehrerin: »Na gut, für alle, weil wir alle was davon haben.« Einige Minuten wieder konzentrierte Stille. Dann wird es wieder lauter bei den Mädchen. Fabian sagt verschwörerisch: »Die fünf Minuten sind fast um, aber er macht weiter.« Ein anderer Freund ruft von hinten: »Hey, Jan, spiel'n wir um 'ne Kiste Cola.« Sofort geht Fabian zur Lehrerin, die gerade einer anderen Gruppe beim Rechnen hilft, um die Lage (colatechnisch) zu peilen. Offensichtlich abschlägiger Bescheid. Er kommt zurück und sagt zu Jan: »Kannst aufhören.« Die anderen schreien: »Nein, halt durch.« Für die nächste Woche wird ein Fest angekündigt. Fabian, in seiner Funktion als Adjutant des verstummten Jan, überbringt der Lehrerin jetzt eine schriftliche Forderung. Wenn schon nicht Colakiste, dann wenigstens einen Fußball. Damit sind allerdings die Mädchen nicht einverstanden. »Wir müssen Jan wieder zum Reden bringen, sonst kriegen die Jungen einen Fußball«, heißt ihre Parole. Der Stundenschluß macht dem Drama ein Ende. Die Lehrerin verspricht, in der nächsten Woche die Negerküsse mitzubringen, und die Klasse ist glücklich und zufrieden.

Bei meinen Unterrichtsbeobachtungen war es für mich erstaunlich festzustellen, in welchem Ausmaß die Jungen den Unterricht dominieren und teilweise auch torpedieren. Wie an dem eben beschriebenen Beispiel zu sehen ist, dreht sich das gesamte Unterrichtsgeschehen einer Stunde lange um Jan. Ob er spricht oder nicht, wird zur elementaren Frage. Das bestärkt Jan, und er ist sich seiner Wichtigkeit sehr wohl bewußt. Stören bringt etwas, das zahlt sich bestens aus. Sogar belohnt wird er für seine Aktionen indirekt – und hier sogar direkt. Sehr deutlich wurde auch, daß dem heimlichen Lehrplan offenbar unterschiedliche Maßstäbe zugrunde liegen. Was Jungen für sich in Anspruch nehmen – zu stören und sich in Szene zu setzen –, ist Mädchen noch lange nicht erlaubt. Das kurze Aufbegehren von Linda – was sie denn bekomme, wenn sie sich ruhig verhalte – wird sofort im Keim erstickt. Die Lehrerin geht nicht darauf ein und erfährt darin sogar Unterstützung von der Jungenfraktion. Fabians Bemerkung: »Nichts, einen Tritt in den Arsch«, steckt den männlichen Führungsanspruch in Sachen Disziplinlosigkeit ab: An dem männlichen Vorrecht, den Unterricht zu stören, haben Mädchen nicht über die Maßen zu rütteln.

»Jungen, die sich mit ihren Störungen und Disziplinverstößen durchsetzen können, beweisen allen vordergründigen Bestrafungen zum Trotz ›männliche‹ Stärke und Durchsetzungsfähigkeit und erhalten dafür, und sei es augenzwinkernd oder zornbebend, soziale Anerkennung«, schreibt die Soziologin Uta Enders-Dragässer in ihrer hervorragenden Untersuchung über Jungen.[58] Allerdings tun Jungen mit diesem Verhalten weder der Klasse noch sich selbst einen Gefallen. Durch ihre Störaktionen leidet das Unterrichtsklima, und auch die Qualität des Unterrichts sinkt zwangsläufig. Ganz abgesehen davon, was das für Mädchen bedeutet, behindern sich Jungen selbst in ihren Lernchancen und begünstigen so Lernprobleme, die das ganze Fehlverhalten noch verstärken. Denn »mit den gleichen ›männlichen‹ Verhaltensweisen, die die Lernprobleme ins Rollen bringen, versuchen Jungen dann, die entstandenen Schwierigkeiten zu überspielen und zu vertuschen. Und je massiver ihre Probleme werden, um so heftiger und auch aggressiver agieren sie sie mit diesen Verhaltensweisen aus.«[59]

Warum, so fragt man sich dann, müssen sich Jungen denn unbedingt derartig in den Vordergrund stören? Welchem unsichtbaren Druck geben sie dabei nach? Als ich in den Klassen saß und mir die Jungen so anschaute, konnte ich mich wirklich nicht des Eindrucks erwehren, daß es in ihnen brodelt. Sie scheinen unter einem enormen Druck zu stehen, den sie aber offenbar nicht friedlich ablassen können. Offene Aggressionen sind eine Verhaltensweise, die Jungen, als Mitgliedern des männlichen Geschlechts, gesellschaftlich durchaus eher zugestanden wird als Mädchen. So wird deutlich, daß es sich offenbar um ein Problem der Männer im allgemeinen handelt. Sie dürfen ihre Frustrationen an ihre Außenwelt, im Klartext: an Frauen, weitergeben.

Männliche Identität – Was macht einen Mann aus?

Wie schon angesprochen, unterscheidet sich die männliche Sozialisation maßgeblich von der weiblichen. Die Gesellschaft macht Unterschiede bei Bewertungen von Verhaltensweisen zwischen Mädchen und Jungen. Schon auf dem Spielplatz darf sich ein kleiner Junge meist mehr herausnehmen als ein kleines Mädchen. Nimmt ein kleiner Junge einem Mädchen das Spielzeug weg, ist die Mutter eher bereit, dies zu tolerieren, als wenn ein Mädchen einem Jungen etwas wegnimmt. Jungen merken schon sehr früh, was von ihnen verlangt wird. Die seit Generationen beliebten Aussprüche »Ein Junge weint nicht« oder »Ein Indianer kennt keinen Schmerz« sind noch immer nicht ausgestorben. Dahinter steckt die Haltung, Jungen nicht zum »Schlappschwanz« zu erziehen. Jungen sollen sich ruhig wehren, wenn ihnen Ungerechtigkeiten widerfahren. »Hau dem anderen doch auch eine«, raten auch heute noch Mütter ihren kleinen Söhnen. »Schließlich will ich ja nicht, daß er sich alles gefallen läßt und alle auf ihm herumtrampeln.« Das ist einer Mutter auch kaum zu verübeln.

Noch gut erinnere ich mich an die Schilderung einer Freundin, deren Sohn jedesmal »geschlagen« aus dem Kindergarten kam und sich bitter beschwerte, daß ihn die anderen Jungen hauten. Zunächst habe sie ihm geraten, er solle mit diesen Mini-Rambos einfach nicht mehr spielen. Aber wenn alle hauen? Mit wem sollte er dann noch spielen? In Gedanken sah sie ihn schon als Tretmatte des gesamten Kindergartens. Nein, das wollte sie auch nicht. Also rang sich meine Freundin, die ihre Kinder allesamt gewaltlos erziehen wollte, zu der Bemerkung durch: »Also, wenn die dich gar nicht in Ruhe lassen, zeig ihnen, wo's langgeht. Du bist doch ein starker Junge, du brauchst dich vor denen nicht zu verstecken.« »Und da«, so berichtete sie, »sah ich, wie meinem Sohn ein kleines Leuchten übers Gesicht huschte und er glücklich sagte: ›Okay, super, das mache ich.‹« Und siehe da, es dauerte nicht lange, da kam er mit der »Erfolgsmeldung« wieder: »Die sind jetzt alle viel netter zu mir, eigentlich ist es im Kindergarten gar nicht so schlecht.« Sicherlich hat sich meine Freundin darüber gefreut, aber es hat sie auch sehr nachdenklich gemacht. Läuft alles über den Faktor Gewalt gegen Gewalt? Können wir tatsächlich nur so unsere Probleme lösen? Müssen Jungen tatsächlich mit Körpereinsatz ihre Hackordnung festlegen, in ständiger Konkurrenz leben, wer denn wohl der Stärkere ist? Ihr Sohn, so erklärte meine Freundin, konnte sich mit Worten allein keinen Respekt verschaffen. Dazu wäre er auch argumentationstechnisch sicherlich noch nicht in der Lage gewesen. Aber selbst wenn er schon ein versierter Rhetoriker gewesen wäre, hätte ihn trotzdem keiner ernst genommen. Wer nimmt schon die Worte eines kleinen Angsthasen für voll? Argumentieren kann in unserer Gesellschaft nur jemand, der schon etwas darstellt, der aus einer gewissen Position der Stärke und Leistung heraus redet.

Schon kleine Jungen geraten so in den Sog der Erwartungen und Festlegungen der Männlichkeit in der Gesellschaft. Kleine Jungen müssen schon früh lernen, daß sie notfalls dazu gezwungen werden, sich durchzusetzen. Ihre männliche Identität erleben sie zwangsläufig in der Abgrenzung von weiblichen Eigenschaften wie Fürsorglichkeit, Wärme, Nachgiebigkeit und Verständnis. Der kleine Junge muß sich in den gegebenen gesellschaftlichen Verhältnissen von seiner Mutter lösen, denn sie wird als Verkörperung des Gegengeschlechtlichen erlebt. Gleichzeitig steht ihm allerdings mit seinem Vater oft kein Vorbild zur Verfügung, das die als weiblich kategorisierten, menschlichen Qualitäten wie emotionale Wärme und Nähe verkörpert und dem Jungen so eine gleichgeschlechtliche Identifikation ermöglichen würde.

Zu allem Überfluß besteht für Jungen auch im Kindergarten oder in der Grundschule keine Möglichkeit, sich mit Männern – das heißt Lehrern – zu identifizieren. Denn wie wir bereits gesehen haben, sind Lehrer in den unteren Klassen extreme Mangelware. Daran scheint sich auch in Zukunft so schnell nichts zu ändern. Von dreihundertfünfundzwanzig Erstsemestern für Grundschulpädagogik an der Universität Frankfurt am Main waren 1994 nur zwölf Männer. Und diese werden von den Kindern bei Unterrichtshospitanzen geradezu vergöttert. Der Professor für Grundschulpädagogik der Universität Frankfurt, Richard Meier, erklärt das so: »Die Kinder reagieren auf Lehrer, auf Männer, mit Mangelerscheinungen. Sie stürzen sich auf sie und sind an Studenten ganz außerordentlich interessiert, weil sie ja im Alltag kaum Gelegenheit haben, mit Männern umzugehen.«[60] Er läßt auch keinen Zweifel daran, daß er diese Mangelsituation nicht für richtig hält: »Weil das männliche Element zum

Aufwachsen, zur Entwicklung des Menschen ganz selbstverständlich dazugehört. Man braucht einfach Umgangserfahrung mit Männern, weil man ja später auch mit Männern zu tun hat.«

Wie begeistert Grundschulkinder auf männliche Lehrpersonen reagieren, bestätigt der Grundschullehrer Jürgen Gattung, der im Spaß erzählt, daß man Grundschullehrer inzwischen besonders an ihren schmutzigen Schuhen erkennen kann. »Fußspuren von Kindern, die einem auf den Zehen stehen und möglichst nahe ran wollen. Das ist etwas, was ich früher in der Grundschule nicht so gespürt habe wie jetzt: Daß die Kinder einfach auf einen zukommen, einen umarmen, eigentlich ständig Körperkontakt haben wollen.«[61] Offensichtlich wollen Kinder in der Grundschule nicht nur Unterricht, sondern auch menschliche Zuwendung. Damit wird der Beruf des Grundsschullehrers beziehungsweise Grundschullehrerin nach Ansicht Meiers jedoch immer mehr zum sozialpädagogischen Beruf. Je weniger zu Hause der Vater Ansprechpartner ist, um so mehr werden Männer in der Grundschule gefordert und gebraucht. Meier sieht den Handlungsbedarf über die Grenzen der Schule hinaus: »Die Männer sind, was Erziehung und Familie angeht, in einer bedenklichen Außenseiterrolle und werden anderswo verschlissen, in der Industrie mit ihrer irrsinnigen Tüchtigkeit, die dort gefordert wird. Es ist ein ganz grundsätzliches Umdenken notwendig, was denn lebenswert ist, und zu ›lebenswert‹ gehört für mich im Hinblick auf Kinder, daß die Männer nicht nur irgendwann mal auftauchen – einmal am Tag der Rektor, am Wochenende vielleicht der Vater und in einem Kollegium von fünfundzwanzig Leuten ein einziger Grundschullehrer.«[62]

Mädchen erleben ihre Identität durch gleichgeschlechtliche Identifikationsmöglichkeiten mit der Mutter. Für sie verläuft deshalb die Lösung von der Mutter, die als wichtigste Bezugsperson gekoppelt ist mit Geborgenheit und Sicherheit, weniger abrupt und sanfter als für Jungen. Darüber hinaus dürfen Mädchen ohne weiteres die Eigenschaften der Mutter übernehmen. Sensitivität, Intuition und ein Aufeinandereingehen lernen Mädchen deshalb schon früh. Inzwischen wird mehr und mehr erkannt, daß diese Eigenschaften auch für Männer wichtig sind. Unzählige »Psycho«-Managerkurse versuchen dieses Manko beim Mann auszugleichen.

»Für die männliche Identitätsentwicklung ist außerdem die zunehmend widersprüchlicher und verwirrender werdende Erfahrung der Geringschätzung und Unterlegenheit des doch als machtvoll und fürsorglich erlebten Weiblichen von großer Wichtigkeit.«[63]

Aus der Abwesenheit der Väter beim Erziehungsprozeß, so folgert Carol Hagemann-White, kann ein Junge seine Identität nur über eine sogenannte »doppelte Negation« des Weiblichen in Form eines »Nicht-*nicht-männlich*-Seins« erreichen. Bezugsgröße ist zwar die Mutter mit ihrer Weiblichkeit. Analog zur Polarisierung zwischen Weiblichem und Männlichem in unserer Gesellschaft wird jedoch das Weibliche nicht als ebenbürtig, sondern vielmehr als minderwertig empfunden. Als Normfall wird die Männlichkeit gesetzt und erlebt. Die Weiblichkeit ist dementsprechend als Nicht-Männlichkeit definiert. Da jedoch in unserer Kultur der Vater als Identifikationsmodell weitgehend fehlt – sei es durch seine zeitliche Abwesenheit wegen der Arbeit oder durch seine (zusätzliche) Weigerung, sich aktiv an der Erziehungsarbeit zu beteiligen –, geht es für einen kleinen Jungen gezwungenermaßen darum, seine Identität aus der Abgrenzung zur Weiblichkeit im Sinne des »Nicht-nicht-männlich-Seins« abzuleiten.[64] Er hat also keine positive Identifikationsfigur, sondern nur eine negative und wird sich so als Gegenteil der Mutter erleben. Weibliche Eigenschaften werden ins Gegenteil verkehrt und damit als »männlich« definiert.

»Die Bestätigung männlicher Identität wird damit individuell wie gesellschaftlich an die Abgrenzung von jeglichem Weiblichen als dem ›Nicht-Männlichen‹ (...) gebunden. Das bedeutet insbesondere die Leugnung von männlicher Subjektivität, männlicher Bindung und Abhängigkeit (...). Die Konzepte von ›Männlichkeit‹ werden zusätzlich gegen die Realität abgesichert, indem sie als Norm für Mensch-Sein an sich verallgemeinert werden.«[65]

Die Erkenntnis, daß sowohl männliche als auch weibliche Anteile in jedem Menschen stecken, setzt sich nur langsam durch. Noch langsamer erfolgt die Umsetzung in die realen Lebensbedingungen.

Der Fluch des »Besserseins«

»Der Wunsch des Jungen, sich mit seinem Vater zu identifizieren, um sich selber zu finden, ist auch dann vorhanden, wenn kein Vater da ist oder wenn er emotional oder zeitlich kaum zu fassen ist. Um so wahrscheinlicher ist, daß die Identifikation von vielen Idealisierungen und Wunschbildern durchsetzt ist. Jeder Junge wird alles daransetzen, seinen Vater als den tollsten auf der Welt zu sehen. Wenn er fehlt, wird er sich für dessen Abwesenheit viele gute und bewunderungswürdige Gründe ausdenken. Selbst der Vater, der regelmäßig Frau und Kinder verprügelt, wird seinem Sohn als Identifikationsobjekt dienen.« Das schreiben die Journalisten Dieter Schnack und Rainer Neutzling, die mit der Annahme aufräumen, den Jungen gehe es (im Gegensatz zu den Mädchen, deren Benachteiligung von der Frauenbewegung seit gut zehn Jahren aufgezeigt wird) in unserer Gesellschaft bestens.[66]

Jungen stehen, nach Schnack und Neutzling, unter dem permanenten Druck, alles besser können zu müssen. Per Definition gehören sie zum »überlegenen Geschlecht« und sind deshalb verpflichtet, überall zu siegen. Das zeigt sich auch in der Werbung. Die Marlboro- oder Camelmänner gehören dabei noch zum althergebrachten, altbekannten Typ. Sie sind inzwischen Synonyme für die männlichsten Eigenschaften wie Abenteuerlust und Freiheitsdrang geworden. Diese Jungs lassen sich so schnell nicht an die Kette legen – schon gar nicht von einer Frau. Seit einiger Zeit bevölkern aber immer öfter andere Helden die Werbeseiten. Es sind die muskulösen (mal mehr, mal eher dezent), aber äußerst gepflegten Vertreter der männlichen Gattung, die ihre griechisch-klassischen Körper leicht bekleidet oder auch völlig entblößt darbieten, um Frauen zum Kauf eines Parfüms für ihre (vielleicht muskelmäßig nicht ganz so gut bestückten) Partner zu bewegen. Zum anderen sollen die Muskelpakete dazu beitragen, die ursprünglich weiblich besetzte Angewohnheit, Parfüm zu benutzen, auch für Männer akzeptabel zu machen. »Das soll, denkt der mit der Mehrheit seiner Persönlichkeitsanteile heterosexuelle Kulturbürger, den

Verdacht ausräumen, es gehe um Schwules: der Herr, der Herrenparfüm anlegt, sei homosexuell (...) In der Kunst, könnte der Kunsthistoriker fortfahren, strahlt der entblößte Frauenkörper vorzüglich Erotik aus, der Männerkörper dagegen Heldenmut, Heroismus. Seit der griechischen Antike sind unsere Helden nackt, und immer, wenn etwas Heroisches zur Darstellung kommen soll, greift man auf diese Formel zurück.«[67]

Gefragt sind also klassisch schöne Siegertypen. Und damit nimmt der Druck auf die Männerwelt noch weiter zu. Jetzt reicht es schon nicht mehr aus, nur erfolgreich zu sein, egal wie Mann dabei aussieht, nun müssen auf einmal auch Männer einem erbarmungslosen Schönheitsideal entsprechen. Das wird von Männern zunehmend als belastend empfunden, und analog dazu scheinen auch für das männliche Geschlecht in letzter Zeit die Fälle von Eßstörungen zuzunehmen.[68] Kommt Mann allerdings nicht an das neuerdings geforderte Schönheitspostulat heran, muß wenigstens – um so zwingender sogar – der Erfolg stimmen. Und damit wächst der Druck weiter. Das hat Konsequenzen. »Wenn der Sieg ein Kriterium für Männlichkeit ist, dann zeigt eine persönliche Niederlage die eigene Unmännlichkeit (...) Die (daraus abgeleitete, TdJ) Überkompensation von Schwächegefühlen wird als normales männliches Verhalten dargestellt, das Ergebnis der Überkompensation wird als wahr dargestellt. Wem der Schwindel nicht gelingt, der darf an seiner Männlichkeit zweifeln. Viele Männer geben sich deshalb stark und überlegen, damit sie nicht schwach wirken«, meinen die Autoren Schnack und Neutzling.[69]

Diese Verhaltensweise haben auch schon die kleinen Jungen drauf. Das Experiment »Was wäre, wenn ich als

Mädchen zur Welt gekommen wäre« stellt Jungen zweier Grundschulklassen des vierten Jahrgangs offenbar vor die Aufgabe, sich in »minderwertige Wesen« zu versetzen. Weder Jungen noch Mädchen wollten zunächst der Aufforderung der Lehrerin nachkommen, sich so etwas überhaupt einmal vorzustellen. Erst gutes Zureden der Lehrerin und die Zusicherung völliger Anonymität ließen sie zum Bleistift greifen. Und das kam dabei heraus:

Wenn ich ein Mädchen geworden wäre, dann

- müßte ich später kochen, waschen, putzen und einkaufen gehen
- wäre ich nie nach Disneyland gefahren und hätte nie ein Baumhaus gekriegt
- werde ich einmal viel vernünftiger
- wäre ich nicht so mutig
- dürfte ich keinen Mist machen
- hätte ich Schiß vor allem
- dürfte ich mich nicht dreckig machen
- würde ich Lehrerin oder Arzthelferin werden
- find' ich nicht gut, daß man als Frau nicht so viele Jobs kriegen kann
- müßte ich bei der Geburt Schmerzen aushalten
- wäre ich ein Angsthase und wäre nicht so stark
- hätte ich große Brüste
- könnte ich nicht so gut Ball spielen
- wäre ich nicht so cool
- würde ich mich nicht für Fußball, sondern für Puppen interessieren
- hätte ich dauernd geweint. In Klammern schrieb er noch dazu: grausiger Gedanke, nicht?
- als Junge werde ich sehr abstrakt. Dazu malte er eine Rakete und ein Gebäude, auf das er NASA schrieb. Als

Mädchen wäre ich Sekretärin geworden. Daneben malte er ein Rathaus. Zum Abschluß schrieb er noch: Gott sei Dank bin ich kein Mädchen

Die Jungen in der achten Klasse schrieben noch, daß sie als Mädchen weniger intelligent gewesen wären, und weniger respektiert worden wären (von Lehrern und Lehrerinnen, Mitschülern und Mitschülerinnen). Die Antworten sprechen für sich: in den Augen der Jungen, ob sie nun zehn oder vierzehn sind, wird die Krone der Schöpfung noch immer routinemäßig an einen Mann vergeben, daran ist gar nicht zu zweifeln. Oder etwa doch? Es gab nämlich auch Jungen, die neben dem üblichen Getöse schrieben: »Als Mädchen müßte ich bessere Aufsätze schreiben, mehr aufzeigen und eine bessere Schrift haben.« Gut, in den »wichtigen« Fächern, wie beispielsweise Mathe, wird weibliche Dominanz noch nicht eingestanden, aber irgendwie klingt diese Aussage schon leicht angekratzt. Dazu haben Jungen auch allen Grund.

Denn was rein schulische Leistungen angeht, wie sie in Noten gemessen wird, haben Mädchen die Jungen längst eingeholt, wenn nicht gar überrundet. Das haben die Jungen zwar auch schon gemerkt, nur wahrhaben möchten sie es nicht. Diese Vogel-Strauß-Taktik wird von vielen Lehrern und Lehrerinnen eher noch unterstützt. Zwar werden Jungen nach den Beobachtungen von Uta Enders-Dragässer qua ihrer Geschlechtszugehörigkeit mehr Begabung und herausragende Leistungen zugeschrieben, und sie erhalten dadurch bessere Förderung, aber dies endet auch in Überforderung und Frustration für die Jungen: »...bis auf wenige glückliche Ausnahmen laufen Jungen den an sie gerichteten Anforderungen immer wieder hinterher. Bedingt durch die augenblicklichen Strukturen der Institution Schule und angesichts des mangelnden Problembewußtseins nicht nur in den Kollegien können Jungen den damit einhergehenden psychischen und physischen Streß nur ausagieren, nicht thematisieren.«[70]

Diese »Schlappe« wiegt besonders schwer, denn eigentlich geben sie doch ein »Heimspiel«. Wie wir gesehen haben, sind Normen und Regeln, Ziele, Inhalte, Texte, Materialien, Themen, Organisationen und Personen in der Schule auf eine männliche Welt hin orientiert. Jungen sind es gewohnt, von vornherein wichtiger und besser zu sein als Mädchen. Deshalb ist es leicht nachvollziehbar, daß ein Eingeständnis von Schwäche oder mangelnder Leistung dringend vermieden werden muß. Das würde an ihrer männlichen Substanz, ja ihrer Identität nagen. Diese Angst vor dem Versagen kann existentielle Ausmaße annehmen. Sämtliche Vorbilder kleiner (und großer) Jungen kreisen um den Helden. Sei es im Western (zu Karneval steht die Verkleidung als Cowboy und Indianer immer noch hoch im Kurs), in den Science-fiction-Filmen verschiedenster Prägung oder in der Welt der Comics. Der Junge ist von Helden umgeben, und mit ihnen identifiziert er sich. Das wird auch von ihm erwartet, denn der kleine Sohnemann ist schließlich ein besonders tolles Exemplar männlicher Spezies, und das bekommt er oft genug zu hören. Wehe dem, der diesen Vorstellungen und Anforderungen nicht entsprechen kann.

Lehrpersonen sind – oft unbewußt – in der Zuordnung geschlechtsspezifischer Eigenschaften gefangen. Von Mädchen wird erwartet, daß sie kooperativ, ruhig und fleißig sind, und diesem Bild entsprechen sie zum großen Teil auch. Jungen hingegen werden dadurch wieder in ein Negativbild gedrängt. Besonders in der Pubertät – der

Zeit der Identitätsfindung – ist Abgrenzung zum anderen Geschlecht angesagt. Dies geschieht am einfachsten (oder auch zwingend, wie Nancy Chodrow meint) durch eine Umkehrung der weiblichen Eigenschaften. Ist das Mädchen kooperativ, kann es der Junge nicht auch sein. Sind die Mädchen ruhig, müssen die Jungen für Unruhe sorgen, schlagen und so weiter. Allerdings habe ich die Beobachtung gemacht, daß die Jungen in den Klassen, in denen auch viele selbstbewußte Mädchen saßen – die sich von den Jungen weder den Mund verbieten noch sonst irgendwie an den Rand drängen ließen –, ein besonders aggressives Verhalten an den Tag legten und maßlos über die Stränge schlugen. Das mag daran liegen, daß hier die Mädchen den Jungen in bedrohlicher Weise den angestammten Platz streitig machen. Sie sind es nicht gewohnt, mit weiblicher Gleichberechtigung und Selbstbewußtsein umzugehen, denn das läuft allen gewohnten Verhaltensmustern zuwider, in denen die Prämisse immer war: Jungen und Männer sind von vornherein den Mädchen und Frauen überlegen. Dieses Verhalten kann den Jungen eigentlich nicht zum Vorwurf gemacht werden, schließlich haben genügend erwachsene Männer immense Schwierigkeiten, sich mit einer Neuverteilung der Geschlechterrollen anzufreunden. Nicht umsonst ist als Gegenbewegung zur Emanzipation eine Machobewegung zu beobachten, die verzweifelt versucht, verlorenes Terrain wieder zurückzugewinnen. Der Mann schlägt zurück, so lauten die Parolen, und auch kleine Männer lassen sich nicht gerne etwas wegnehmen. Deshalb reagieren sie auch so empfindlich auf vermeintliche »Bevorzugungen« der Mädchen durch die Lehrkräfte. In einer Untersuchung über Ursachen von Gewalt in der Schule fand Monika Barz hauptsächlich zwei Gründe für Gewaltanwendung: Eine davon war die von den Jungen empfundene »Bevorzugung der Mädchen« durch die Lehrer und Lehrerinnen. Jungen schlugen also auf die Mädchen ein, weil sie sich von Lehrkräften ungerecht behandelt fühlten. Der zweite Grund ist fast noch interessanter. Jungen fühlen sich leistungsmäßig den Mädchen unterlegen und halten das nicht aus. Die besseren Leistungen der Mädchen stehen in einem direkten Konflikt mit dem männlichen Überlegenheitsanspruch. Das Dilemma, in dem Jungen damit stehen, ist also, daß sie besser sein müßten, als sie es eigentlich sind. Monika Barz folgert daraus: »Als Mann gegenüber einer Frau zu ›verlieren‹, also schwächer, langsamer, weniger intelligent oder weniger erfolgreich zu sein, gilt als Schande und sollte im Leben eines Mannes eigentlich nicht passieren.«[71]

Für Jungen bedeutet das, so Monika Barz, folgendes: »Sie müssen die *Größten* sein, das heißt, sie müssen nicht nur gut sein und Erfolg haben, sondern gleichzeitig noch ein Stück erfolgreicher und besser als die Mädchen sein.«[72] In dieser Zwickmühle bleibt den Jungen eigentlich nur noch die Gewaltanwendung und überzogene Aggressivität, um ihre »Männlichkeit« unter Beweis zu stellen. Je erfolgreicher die Mädchen werden, um so eher erliegen Jungen dem »Männlichkeitswahn«, denn sie können ihre Frustration nicht anders verarbeiten. Sie sind Gefangene des Patriarchats, wissen es aber nicht. Woher auch? Uta Enders-Dragässer verweist auf das unzureichend ausgebildete Problembewußtsein und das fehlende Wissen um professionelle Handlungsmöglichkeiten bei den Lehrpersonen. Doch gerade hier ist die

Schule dringend gefordert. Eine Aufklärung über diese Aggressionsfalle tut not, denn nur durch eine Thematisierung der Geschlechterproblematik kann sich das gegenseitige Verständnis vergrößern. Dann wüßten Mädchen auch, warum Jungen oft so wütend und unberechenbar sind, warum sie urplötzlich – aus »heiterem Himmel« sozusagen – ein Lineal auf den Hintern geklatscht bekommen.

Wie unerklärlich manchmal Aggressionshandlungen von Jungen anmuten, zeigt die Geschichte, die mir eine Bekannte erzählte, deren Tochter Sara jeden Morgen nur unter Tränen ihren Schulweg antrat. Erst nach Wochen vertraute die Kleine (sie ging noch zur Grundschule) ihrer Mutter an, daß an einer bestimmten Straßenecke ein Junge stehe, der sie jeden Morgen ohrfeige – einfach so, ohne Grund und Erklärung und ohne etwas zu sagen. Beim nächsten Mal folgte die Mutter Sara in einiger Entfernung. Ihrer Tochter hatte sie den Rat gegeben, auf den Jungen zuzugehen, ihm – bevor er überhaupt etwas unternehmen konnte – eine runterzuhauen und dann einfach weiterzugehen. Mit dem beruhigenden Wissen, ihre Mutter hinter sich zu haben, tat Sara, was ihre Mutter ihr geraten hatte. Es funktionierte. Der Junge war so perplex, daß er nichts weiter unternahm und sie ziehen ließ. Von diesem Tag an konnte Sara unbelästigt zur Schule gehen.

»Männlichkeit« bedeutet auch, keine Probleme zu haben. Deshalb wird das Thema Aggression als Folge des Geschlechtskampfes in der Schule weitgehend totgeschwiegen. Um es zu diskutieren, bedarf es schließlich selbstbewußter Männer – also Lehrer, die sich mit den Fragen und Problemen ihrer eigenen Männlichkeit bereits auseinandergesetzt haben. Solche Lehrer sind jedoch offenbar Mangelware. Männer in der Schule bekunden zur Zeit mehrheitlich kein besonderes Interesse an dieser Thematik. Exemplarisch zeigte sich dieses Desinteresse bei einer Wochenendtagung zum Thema Koedukation der Gewerkschaft Erziehung und Wissenschaft Ende 1994. Neben den einundfünfzig Tagungsteilnehmerinnen war nur ein Mann gekommen, und dieser war in seiner Funktion als Referent wahrscheinlich gesondert eingeladen worden. Vielleicht ist es die Angst vor der Büchse der Pandora, die – einmal geöffnet – auch eigene Unzulänglichkeiten ans Licht bringen würde. Da das den Männern schließlich das größte Unbehagen bereitet, läßt Mann die Büchse lieber zu. Nur werden die aus der geschlossenen Büchse resultierenden Probleme so nicht gelöst, im Gegenteil: Je länger die Büchse geschlossen bleibt, um so explosiver wird ihr Inhalt. Das immer größer werdende Aggressionspotential und die zunehmende Zerstörungswut in den Schulen sprechen eine deutliche Sprache.

Noch immer müssen sich Jungen nicht mit den Ursachen der eigenen Verantwortung für ihre Aggressionen auseinandersetzen. »Jungen... sind sogar sehr weitgehend davon ›verschont‹, sich in realistischer Weise mit sich selbst, mit der Problematik ihres ›männlichen‹ Verhaltens, ihrer persönlichen Verantwortung und den Folgen für andere auseinanderzusetzen, insbesondere, wenn damit ein Gesichtsverlust verbunden sein sollte. Deshalb sind sie, was das soziale und interaktionelle Lernen anbetrifft, enorm unterfordert und entwickeln dementsprechende Defizite.«[73] Statt dessen werden vielfältige Disziplinarmittelchen eingesetzt, die jedoch meist nicht den gewünschten Erfolg zeitigen, sondern eher zu einer Eskalation der Gewalt führen. Leidtragende dieser Disziplinarstrafen sind nicht selten die Mädchen. So erzählte mir eine Lehrerin von einem Kollegen, der in seinen Stunden eine besondere Sitzordnung vorschrieb: Er setzte immer abwechselnd Jungen und Mädchen nebeneinander. Das, berichtete die Lehrerin, habe zwar zur Folge, daß es in der Klasse erheblich ruhiger sei, allerdings sei auch jegliche Spontaneität und aktive Lernbereitschaft verschwunden. Die Klasse sei weitestgehend »tot«. Diese Disziplinarfreudigkeit ist aber nichts anderes als das in unserer Gesellschaft so beliebte Herumdoktern an den Symptomen. Die Quelle des Übels wird dabei nicht beseitigt, oft wird sie erst gar nicht erkannt.

Die kranken Jungen

Man darf allerdings keinesfalls davon ausgehen, daß den Jungen, robust, wie sie nun einmal sind, der Wind in Zukunft noch kälter um die Nase wehen sollte. Denn so robust, wie wir vielleicht annehmen, sind sie nicht – schon gar nicht, was ihre Gesundheit angeht. Um die Gesundheit der »kleinen Helden« ist es schlecht bestellt. Das Klischee vom kernig gesunden Jungen fanden Schnack und Neutzling bei ihrer Forschungsarbeit in keinster Weise bestätigt. Sie entdeckten vielmehr, daß bei allen Routineuntersuchungen – angefangen vom Säuglings- bis hin zum Jugendalter – Jungen stets schlechter abschneiden als Mädchen. »Durchschnittlich haben Mädchen bei der Geburt einen Reifevorsprung von zwei bis drei Wochen. Hinsichtlich des Skelettalters sind sie den Jungen vier bis sechs Wochen voraus. Die Ursachen für diese Reifeunterschiede sind ungeklärt. Ob das Y-Chromosom zu einer Verlangsamung des männlichen Reifeprozesses führt, konnte bislang ebensowenig schlüssig bewiesen werden wie dessen gelegentlich angenommene Verantwortlichkeit für die häufiger beobachtbare Aggressivität von Jungen. Ist das Immunsystem von neugeborenen Jungen schwächer? Spielen Hormone vielleicht eine Rolle? Gibt es überhaupt ausschlaggebende Unterschiede im Hormonhaushalt von Jungen und Mädchen vor der Pubertät? Biologen und Mediziner sind sich bis heute darüber nicht einig. Festzuhalten bleibt, daß Jungen offensichtlich weniger gut als Mädchen in der Lage sind, sich der Umwelt außerhalb des Mutterleibes anzupassen«, schreibt das Autorenteam.[74] Darüber hinaus, so beobachteten Schnack und Neutzling, sind zwei Drittel der an Erziehungsberatungsstellen und schulpsychologische Dienste überwiesenen Kinder Jungen. Die Autoren geben zu bedenken, daß Jungen offenbar zu Störungen neigen, die für Eltern in unserer Gesellschaft besonders schwer zu akzeptieren sind, nämlich Leistungsversagen und Aggressivität. Zudem würden Probleme von Jungen in unserer Gesellschaft generell wichtiger genommen als die der Mädchen.[75]

Auch werden mehr Jungen als Mädchen auf Sonderschulen überwiesen. Den höchsten Anteil an Jungen verzeichnen dabei die Sonderschulen für Verhaltensgestörte (dreiundachtzig Prozent Jungen), dicht gefolgt von den Sonderschulen für Sprachbehinderte (einundsiebzig Prozent Jungen) und den Sonderschulen für Lernbehinderte (zweiundsechzig Prozent Jungen).[76] Erstaunlich sind auch die Ergebnisse einer vom Ministerium für Jugend,

Familie und Gesundheit in Auftrag gegebenen Untersuchung, die zeigen, daß Jungen zwei- bis dreimal so häufig wie Mädchen in psychischen Einrichtungen behandelt werden. Allerdings warnen die Autoren der Untersuchung davor, dies als Beleg für die tatsächlichen psychischen Belastungen von Jungen und Mädchen zu werten, denn während Jungen zu auffälligen »extraversiven Störungen« tendieren, sind Mädchen eher von unauffälligen »intraversiven Störungen« betroffen.[77] Diese aber würden von Klinikern oft nicht ernst genommen und als psychisch nicht relevant eingestuft. Allerdings, so betonen die Autoren, hängt es in jedem Fall auch von den gesellschaftlichen Werten und Normen ab, welches Verhalten letztendlich für psychisch abwegig deklariert wird.

Jungenarbeit? – ja bitte!

Von der Frauenbewegung wird zu Recht gefordert, daß Männer sich den anstehenden Problemen stellen müssen. Allerdings lehnen einige Frauen eine eigene Verantwortlichkeit in puncto Jungenarbeit ab. Diese sei reine Männersache, so lautet das Argument. Das führt zwangsläufig dazu, daß Mädchen zunehmend gefördert werden und sich die Jungen immer weiter ins Abseits gedrängt fühlen, was wiederum eine Verstärkung von Aggressionen, Frustrationen und Gewalt zur Folge hat. Sicherlich ist es notwendig und wünschenswert, daß Mädchen mehr, besser und adäquater gefördert und unterstützt werden, nur tut Frau ihnen damit letztlich keinen Gefallen, wenn dies nach sich zieht, daß die Jungen immer mehr »ausrasten« – sozusagen ihre letzten Felle davonschwimmen sehen –

und ihren Zorn immer häufiger an den Mädchen auslassen.

Mit der Mädchenförderung muß deshalb eine qualifizierte Jungenarbeit einhergehen, damit die Gräben auf beiden Seiten sich nicht noch mehr vertiefen. Sicherlich sind hier die Männer gefordert, aber was tun, wenn diese sich weiterhin verweigern beziehungsweise die Notwendigkeit nicht sehen (wollen)? Dann greift – und das erklärt möglicherweise die Reserviertheit einiger Frauenrechtlerinnen – wieder der klassische traditionelle Mechanismus, daß Frauen für die »Drecksarbeit« zuständig sind und den Männern die Kastanien aus dem Feuer holen müssen.

Eine in der Frauenbewegung aktive Lehrerin sagte mir: »Die Situation muß so unerträglich werden, daß die Männer nicht mehr länger daran vorbeikommen und sich stellen *müssen*«. Ich hoffe, sie unterschätzt damit nicht das Verdrängungspotential der im Patriarchat großgewordenen Männer. Und die Mädchen werden es zu spüren bekommen, wenn sich Männer und Frauen gegenseitig den Schwarzen Peter zuschieben und bei der Problemlösung eifersüchtig eigenes Terrain verteidigen. Um eine gezielte Jungenarbeit kommen wir nicht herum, so oder so. Zwar wäre Jungenarbeit sicherlich bestens in Männerhand aufgehoben, doch wenn es nötig ist – und dafür spricht vieles –, dürfen sich auch Frauen nicht verweigern.

Jungenarbeit in der Schule ist Neuland und als solches mit Hemmschwellen versehen. Studienrat Andreas Lehmann-Wermsers Worte zeigen einen schwachen Silberstreif am Horizont: »Vor großer Euphorie muß allerdings gewarnt werden. Dort, wo Erfahrungen vorliegen, hat sich Jungenarbeit als beschwerlich herausgestellt. Es liegt an den wenigen Vorbildern, an der fehlenden Ausbildung in diesem Bereich, an fehlender Selbstwahrnehmung, Schwierigkeiten im Umgang mit Emotionalität und Körperlichkeit und Problemen zuzuhören. Defiziten also, die die Beschäftigung der Jungen mit sich selbst erschweren. Die Beispiele verweisen stets auf die Person des Erziehenden. Er vor allem muß ›selbst-bewußt‹ sein. Hier wirkt sich die fehlende Debatte über ›die Männer‹ am stärksten aus, hier kann sie aber auch viel bewegen, wenn Selbstwahrnehmung und intentionales Handeln die neuen Vorbilder in der Schule schaffen, die die ›Gesellschaft der abwesenden Väter‹ nicht bieten kann.«[78]

6. Sexuelle Belästigungen und Gewalt gegen Mädchen

Die Gewalt in der Schule nimmt drastisch zu. In den letzten Jahren überschlagen sich die Berichte, ganze Lehrerorganisationen schlagen Alarm, sie wissen nicht mehr ein noch aus. Stadtdirektoren sind entsetzt, der Vandalismus in der Schule nimmt überhand. Doch nicht nur Sachbeschädigungen häufen sich, immer öfter muß der Krankenwagen kommen, weil die Aggression auch vor Menschen nicht haltmacht. Meist wird jedoch bei dem Gewaltproblem in der Öffentlichkeit nicht nach Geschlechtern unterschieden, und das, obwohl sämtliche Gewaltstudien und Untersuchungen belegen, daß es sich um ein »Jungenphänomen« handelt, wie es der Schulforscher Klaus Hurrelmann nennt. Dazu kommt, daß Gewalt gegen Mädchen oft unter den Tisch fällt oder nicht wahrgenommen wird. Doch gerade Mädchen sind von Gewalt und Sexismus in der Schule besonders betroffen.

Kampfplatz Schule

Eine Grundschullehrerin erzählte mir von einem Schüler, der ihr von einer anderen Schule »überwiesen« worden war, weil sie dort nicht mehr mit ihm fertig wurden. Nachdem sich Lars zunächst einige Wochen relativ unauffällig verhalten hatte, kamen schon bald die ersten Beschwerden von Mädchen beziehungsweise deren Eltern. Lars verlangte von den Mädchen, ihre Unterhosen auszuziehen. Lars, der Springerstiefel anhatte und eine Schmuckrasierklinge um den Hals trug, wurde von Tag zu Tag aggressiver. In den Pausen durfte er an einigen Tagen nicht mehr mit den anderen Kindern auf den Pausenhof, weil er dort mit den brutalsten Methoden zu Werke ging. Tritte in die Genitalien von Mädchen oder Jungen und auch schonungsloses Würgen waren keine Seltenheit. Eines Tages kam ein Mädchen besonders geschockt zu der Lehrerin und erzählte ihr mit zitternder Stimme: »Lars hat zu mir gesagt: ›Darf ich mal an deinen Titten lecken?‹« Auch zahlreiche Gespräche mit den Eltern brachten keine Besserung. Auf dem Nachhauseweg bedrohte er Mädchen mit dem Messer. Ihre Angst wurde so groß, daß einige lieber mit zur Freundin nach Hause gingen, um nicht den gleichen Heimweg wie Lars zu haben. Bei der Freundin angekommen, riefen sie dann zu Hause an, um sich abholen zu lassen. Die Lehrerin konnte zwar klären, daß es sich bei dem Messer »nur« um ein »Spielzeug«messer aus Plastik mit einfahrbarer Klinge handele, trotzdem blieb die Situation unerträglich. Lars war weder mit guten Worten noch mit disziplinarischen Maßnahmen zu bändigen. Nach einem halben Jahr an der neuen Schule warf die Lehrerin, die im Kollegium den Ruf hatte, auch mit schwierigsten Fällen fertig zu werden und dies mehrfach unter Beweis gestellt hatte, entnervt das Handtuch. Durch Einschalten des Gesundheitsamtes und der Schulbehörde bekam Lars einen Therapieplatz an einer Schule für Verhaltensgestörte.

Die Lehrerin erklärte bei einem Gespräch, daß sich ihrer Meinung nach in letzter Zeit Fälle dieser Art häuften. Dabei seien nach ihren Beobachtungen immer die Jungen überaus aggressiv und konzentrationsschwach. Die Kriminalstatistik belegt den hohen Anteil von Jungen an Straftaten. In der Altersgruppe der Vierzehn- bis Achtzehnjährigen lag der Jungenanteil aller abgeurteilten Straftäter 1991 bei fünfundachtzig Prozent, in der Altersgruppe der Achtzehn- bis Einundzwanzigjährigen bei sechsundachtzig Prozent.[79] Das Bundeskriminalamt registrierte 1993 rund dreiviertel aller Straftäter im Alter von zehn bis achtzehn Jahren als Jungen.[80] Leider wird der Ort der Handlung statistisch nicht erfaßt.

Die Lehrerin, seit 1972 im Dienst, sagte mir: »Ich habe noch nicht ein Mädchen erlebt, das diese extremen Verhaltensweisen an den Tag legt.« Auffällig sei auch, daß die Schwestern solch extrem aggressiver Jungen in der Regel nette und aufmerksame Mädchen seien, die in der Schule nicht die geringsten Schwierigkeiten machten.

»Im schulischen Sozialisationsprozeß ist die offene Gewalt ein nicht zu unterschätzender Bestandteil. Gewaltanwendung gegen Mädchen (Schläge, Tritte, Beleidigungen, sexuelle Anmache) durch Jungen (aber auch Übergriffe und diskriminierende Äußerungen von Lehrern) speist sich zum einen aus der strukturellen Gewalt gegen Frauen und Mädchen, ihrer Unterordnung als schwächere, unterlegene und ohnmächtige Personen, auch wenn die Jungen im Einzelfall nicht körperlich überlegen sind. Zum anderen wirkt sie auf die geschlechtsspezifische Sozialisation von Jungen und Mädchen ein. Jungen erfahren durch Gewaltausübung einen Machtgewinn, der ihr Selbstwertbewußtsein stabilisiert und ihr

Selbstwertgefühl potenziert. Mädchen als die ›Rangniederen‹ erleben sich als Opfer, sie lernen, sich unterzuordnen, sich zu unterwerfen«, schreibt Anne Huschens.[81] Das hat zur Folge, daß sexuelle Anmachesituationen von Mädchen als »normal« erlebt werden.

Die »ganz normale« Anmache

Nach einer Schulstunde fragte ich Mädchen, ob sie von Jungen belästigt würden. Zunächst beteuerten sie alle einmütig, daß das nicht vorkomme. Daraufhin berichtete ich ihnen von einigen Mädchen, die sich im gemischten Sportunterricht unwohl fühlten. Ja, das, so sprudelte es auf einmal aus ihnen heraus, hätten sie auch schon erlebt. Eine hübsche kleine Blondine mit langen, gewellten Haaren schien besonders schlechte Erfahrungen gemacht zu haben: »Wenn wir uns beim Basketball zur Lagebesprechung alle zusammen vorgebeugt in den Kreis stellen, hauen mir die Jungen immer auf den Po und sagen: ›Tollen Knackarsch hast du.‹ Oder sie versuchen mir durch die Ärmelausschnitte des T-Shirts seitlich an den Busen zu greifen.« Ich fragte sie, wie sie denn darauf reagiere. »Na, ich lauf' dann ganz einfach weg. Manchmal laufen die auch hinter mir her, aber meistens ist doch eher alles im Spaß. Eigentlich ist das alles nicht so schlimm. Ich werde damit schon fertig.«

Damit gibt sie zu verstehen, daß es irgendwie gerechtfertigt ist, wenn sich Jungen so benehmen. Außerdem wollen Mädchen auch nicht als prüde verschrien werden. »Mädchen wollen Anerkennung und Aufmerksamkeit von Jungen und die Bestätigung ihrer sexuellen Attraktivität. (...) Wehren sie sich, kann es ihnen passieren, daß Jungen ein ernsthaftes Beziehungsinteresse an ihnen verlieren, bzw. gehen sie das Risiko ein, daß die in ihrer unsicheren Männlichkeit gekränkten Jungen gemeinsam Überfälle auf sie inszenieren. (...) Wehren sie sich nicht, erleben sie oft, daß die Jungen sie mit absoluter Respektlosigkeit behandeln, wodurch ebenfalls nicht die Basis für eine Beziehung entsteht«, beschreibt die Soziologin Barbara Kavemann ihre Arbeit mit vierzehn- bis fünfzehnjährigen Schülerinnen in einer Mädchengruppe.[82] Chancen, nicht belästigt zu werden, haben nach Kavemann eher die Mädchen, die eine feste Beziehung zu Jungen aus der Klasse oder einer Nachbarklasse haben, weil Jungen den »Besitzanspruch« eines anderen anerkennen. Auf diese Weise würden Mädchen direkt in Beziehungen zu Jungen getrieben, folgert sie. Eine Solidarisierung der Mädchen untereinander wird verhindert durch die ständige Konkurrenz der Mädchen um die Gunst der Jungen. Diese Situation nutzen die Jungen aus, wie einige aus der Mädchengruppe von Barbara Kavemann berichteten: »Die Jungs greifen sich oft die Mädchen, die sonst bei den Jungen nicht so gut ankommen. Da denken sie, mit der kann ich es machen, wer will die schon, vielleicht sagt sie ja auch gar nichts. (...) Und hinterher sagen sie zu ihr: ›Du kannst dich verpissen.‹« Und ein anderes Mädchen erzählte: »Als ich vor kurzem meine Freundin gegen einen Jungen verteidigt habe, der sie blöd angemacht hat, hat er zu mir gesagt: ›Bist du neidisch, sollen wir dich auch anfassen?‹«

In letzter Zeit setzen sich Mädchen allerdings öfters aktiv zur Wehr oder belästigen ihrerseits die Jungen. Uta Enders-Dragässer befragte Lehrerinnen zum Thema Sexismus in der Schule. Neben zahlreichen Schilderungen von Übergriffen auf Mädchen bekam sie auch diese Aussage: »Das ist aber dann wirklich in den letzten Jahren so gewesen, daß die Mädchen den Jungen zwischen die Beine fassen und sich entsprechend da auch revanchiert haben. Ich lach' erst mal drüber, wenn sich die Jungen beschweren, daß die Mädchen ihnen an die Geschlechtsteile fassen... und sag', meine Güte, das hätten wir uns früher nicht getraut..., und dann versuch' ich mich halt gegen beides zu wehren, weil ich... die Integrität des Körpers für wichtig halte, sowohl des Jungen als auch des Mädchens...«[83]

Häufig ist leider das Problembewußtsein, was Gewalt gegen Schülerinnen angeht, in den Lehrerkollegien noch unterentwickelt, wie die Schilderung einer Lehrerin zeigt, die in ihrem Kollegium eine Diskussion über Anmache im Unterricht initiierte. Die Lehrerin war entsetzt, wie wenig sich ihre Kolleginnen und Kollegen um das Thema kümmerten. Die meisten gaben offenmütig zu, solche Übergriffe auf Mädchen einfach zu übersehen. Sie gaben zwar an, bemüht zu sein, für Ruhe im Unterricht zu sorgen, allerdings gingen sie nicht inhaltlich gegen Sexismus vor. Einzige Ausnahme war ein auch sonst eher engagierter Lehrer, der ganz klar Stellung bezog und sagte, daß er Jungen, die unflätige Bemerkungen über Mädchen abließen, damit drohe, bei nächster Gelegenheit auch die sexuellen Vor- und Nachteile der jeweiligen Jungen vor der Klasse darzustellen. Andere Kolleginnen und Kollegen seien zwar nachdenklich geworden, doch die meisten räumten ein, vor einer Auseinandersetzung mit dem Thema Angst zu haben. Andere wiesen die Wichtigkeit des Themas zurück und stuften das Problem als nicht relevant ein.[84]

Diese Schilderung legt die Vermutung nahe, daß das Thema noch immer tabuisiert wird, denn nicht selten werden Lehrerinnen selbst zu Opfern. Nicht alle wissen sich so wirkungsvoll zu wehren wie diese Lehrerin: »...ich hatte einmal einen Schüler, ein Marokkaner, der sowieso nicht viel von Lehrerinnen gehalten hat, aber mich wohl ganz attraktiv fand, und der hat sich dann immer, wenn ich den Gang lang kam, in letzter Minute so vor mich hingestellt, daß ich auf ihn draufgelaufen bin. Fand das immer ganz toll. Dem hab' ich ein paarmal gesagt, er soll es doch bitte lassen, das hat ihn aber nicht interessiert. Da ich der Meinung bin, man sollte als Lehrkraft immer auch eine Taekwondo-Ausbildung haben, hab' ich ihn mal kurz in die Garderobenhaken geknallt. Und da war er ein bißchen verdattert... Wenn ich mich wirklich darauf einlassen muß, wird es schwierig, aber er hat's dann akzeptiert, weil es für ihn überraschend kam, daß eine Frau es wagt, ihn anzufassen und sich zu wehren, so daß wir dann anschließend ein ganz gutes Verhältnis hatten.«[85]

Andere Lehrerinnen sind allerdings durch offen zur Schau gestellte Aggressionen mit sexuellem Unterton oder durch Arroganz von seiten der Schüler – nach dem Motto: »Was hast du mir schon zu sagen« – überfordert. Sie sind nach Übergriffen dieser Art oft völlig mit den Nerven am Ende und verlassen nicht selten tränenüberströmt das Klassenzimmer. Jeden Tag, so sagte mir eine Lehrerin, sei es eine Überwindung für sie, wieder zurück in die Klasse zu gehen, in der es einige Jungen nur darauf anlegten, sie fertigzumachen. Eine solche Demonstration weiblicher Schwäche bleibt sicherlich auch für die Mädchen nicht ohne Wirkung. Was ihnen da täglich vorgelebt wird – die Lehrerin weiß sich nicht zu helfen –, kann auch ihr eigenes Verhalten gegenüber erlebter Gewalt prägen.

Die Schule ist natürlich keine von der Außenwelt abgeschnittene Insel; diese Aussage habe ich häufig von Lehrpersonen gehört. Die Verhaltensweisen in der Schule sind geprägt vom gesamten gesellschaftlichen Umfeld und der übrigen Sozialisationssituation, in der sich die Schülerinnen und Schüler befinden. Mit anderen Worten: In einer Gesellschaft, in der Gewalt als ein erprobtes Mittel zur Konfliktlösung benutzt wird, in der sich Frauen traditionell in der Rolle des Opfers befinden, in der diese Verhaltensweisen durch Medien, insbesondere das Fernsehen, täglich in die Köpfe gehämmert werden, kann es kaum ernsthaft verwundern, wenn auch in der Schule Gewalt immer weiter um sich greift. Die strukturelle Gewalt gegen Mädchen und Frauen kann zwar in der Schule verstärkt werden, aber nicht nur dort. Das Fernsehen ist in seiner Rolle als »Lehrmeister der Nation« geradezu einzigartig, was die Beeinflussung von Kindern und Jugendlichen angeht, deren Medienkonsum in den vergangenen Jahren kontinuierlich angestiegen ist.

Die Fernsehwelt wird als real erlebt

Über die Auswirkungen von Fernsehkonsum auf das Verhalten im realen Leben gibt es inzwischen eine Reihe von wissenschaftlichen Untersuchungen, insbesondere aus den USA, wo – bedingt durch die privat organisierte Fernsehlandschaft und die zahlreichen Programme – die Auswirkungen von Gewaltprogrammen, insbesondere auf Kinder, schon seit Jahrzehnten untersucht worden sind.

Die Untersuchungen haben drei hier relevante Ergebnisse:

1. Vermischung von Phantasie und Realität: Kinder unter sechs können Phantasie und Realität nur schlecht unterscheiden. So echt wie Träume werden auch Fernsehbilder empfunden, die durchs Fernsehen »erlebte« Gewalt wird als real und bedrohend erfahren. Weil bei Kindern der Verstand noch eine untergeordnete Rolle spielt, sind Gefühle um so wichtiger und prägender. Fernsehen ist emotionsgeladen und kann so direkt auf die Kinder einwirken.
2. Lernen von Vorbildern: Nachahmung ist für junge Kinder eine wichige Lernquelle. Auch die Fernsehcharaktere üben eine Modellfunktion aus. Gewalt kann so als akzeptables Verhalten »erlebt« werden. Gewalt an Frauen wird als »normale« Lebenssituation erfahren und verfestigt sich. In den USA fanden Forscher und Forscherinnen in mehr als hundert veröffentlichten Studien an zehntausend Kindern und Jugendlichen einen eindeutigen Zusammenhang zwischen Gewalt im Fernsehen und der Bereitschaft von Kindern, Gewalt anzuwenden, aggressiver zu spielen und Gewalt als bevorzugtes Handlungsprinzip anzusehen.
3. Das Sinken der Hemmschwelle gegen Gewalt: Ist Gewalt einmal als akzeptiertes Verhalten in den Köpfen verankert, sinkt auch die Hemmschwelle gegen Gewalt, das heißt, die Grenzen der Gewalt werden großzügiger ausgelegt. Eine Studie belegt dies: Neunundzwanzig Viertklässlern wurde ein Video mit Gewaltszenen gezeigt. Anschließend wurden sie gebeten, eine reale Spielsituation über Videokamera zu beobachten und der Aufsichtsperson mitzuteilen, wenn die Kinder

anfingen, sich zu streiten oder zu kämpfen. Dieselbe Aufgabe bekam eine zweite Gruppe von Kindern, die vorher jedoch einen gewaltfreien Film gesehen hatte. Diese Gruppe reagierte weitaus schneller auf Gewaltanwendungen in der realen Spielsituation als die Kinder, die den gewalttätigen Film gesehen hatten. Dieses Verhalten, gekoppelt mit den Konsequenzen aus den Studien über Fernsehen als Modellfunktion, habe, so die Autoren, einen doppelten Effekt: Während einige Kinder durch Gewalt im Fernsehen dazu angeleitet würden, selbst gehäuft Gewalt anzuwenden, bringe das Fernsehen anderen Kindern bei, erlebte Gewalt (auch im täglichen Leben) zu tolerieren.[86]

Leider wurde in den erwähnten Studien auf eine Geschlechterdifferenzierung verzichtet. Die Frage, wie Mädchen/Frauen in Gewaltsituationen dargestellt werden, ist bisher stiefmütterlich behandelt worden.

Dieses Defizit erkannte auch das nordrhein-westfälische Gleichstellungsministerium und gab die erste bundesweite, repräsentative Studie zu Sexismus und Gewalt im Fernsehen in Auftrag. Die Ergebnisse lassen an Eindeutigkeit nichts zu wünschen übrig: Siebzig Prozent des Publikums ärgern sich über herabwürdigende Darstellungen von Frauen, insbesondere die Vermarktung des weiblichen Körpers. Gefordert werden mehr kluge und starke Frauenfiguren auf dem Bildschirm. Bei mehr als der Hälfte der Zuschauerinnen lösen Gewaltdarstellungen im Fernsehen große Angst und Bedrohungsgefühle aus. Weiter ermittelte die Studie, daß gerade Gewaltdarstellungen häufig mit weiblicher Sexualität und der Zurschaustellung des weiblichen Körpers verbunden sind. So werden Männer im Fernsehen aufgrund ihres Berufes als

Polizist, Detektiv oder Soldat in Gewalt verwickelt, kommen hingegen Frauen mit Gewalt in Berührung, sind sie in drei Viertel der Fälle Opfer von Gewalt durch ihr Frausein an sich: als untreue Ehefrau, Geliebte oder Prostituierte. »Typisch für weibliche Opfer ist zudem ihre Wehrlosigkeit, häufig bleibt ihnen im besten Fall das Warten auf einen männlichen Retter. Am untersuchten Fernsehabend zeigten nur vier von zweiundzwanzig Filmen mit Gewaltszenen keine Gewalt gegen Frauen. Erschreckend ist, daß in Sex- und Erotikfilmen immer noch sexuelle Gewalt als lustvolles Erleben für die Opfer dargestellt wird«, bemängelt die Ministerin für die Gleichstellung von Frau und Mann, Ilse Ridder-Melchers, bei der Pressekonferenz anläßlich der Vorstellung der Studie »Was Frauen und Männer vor dem Bildschirm erleben: Rezeption von Sexismus und Gewalt im Fernsehen« im April 1995. Die Studie wurde durchgeführt vom Institut für Journalistik der Universität Hamburg unter der Leitung von Dr. Jutta Röser und Claudia Kroll.

Wenn Lehrer Täter sind

Als wäre das nicht alles mehr als genug, kann es vorkommen, daß Mädchen auch noch von Lehrern sexuelle Anmache erfahren müssen. Äußerungen wie: »Erheb mal deinen Saftarsch (oder Fettarsch) und komm an die Tafel« gehören für viele Mädchen zur »normalen« Schulerfahrung. Sich hier zur Wehr zu setzen ist nicht einfach. Einige Mädchen erzählten mir auch von körperlichen Übergriffen eines Lehrers. Im Schwimmunterricht habe der Sportlehrer offensichtlich seine größte Freude daran,

Mädchen zu begrapschen und zur Schau zu stellen. Ein Mädchen, das sich besonders gedemütigt fühlte, schaltete die Mutter ein. Diese besprach die Vorkommnisse mit dem Klassenlehrer. Der lachte sie nur aus und unternahm nichts gegen seinen Kollegen. Daraufhin wollte die Mutter am Schwimmunterricht teilnehmen. Die Reaktion des Schwimmlehrers: »Gerne, aber dann müssen Sie hier im Bikini antanzen.« Szenen wie diese scheinen keine Ausnahmeerscheinung zu sein. Auf dem GEW-Kongreß zur Koedukation im November 1994 berichteten Lehrerinnen, daß es in fast jedem Kollegium solch ein »schwarzes Schaf« gebe. Ihnen sei aber nur sehr schwer beizukommen.

Die Mauer des Schweigens zu durchbrechen, davon wird in den meisten Fällen abgesehen, weil sich Mädchen oder auch deren Eltern vor den Konsequenzen fürchten. Schließlich sind Lehrer ja Respektspersonen, die durch Notengebung Macht über die Mädchen und ihre weitere Schullaufbahn ausüben können. Ein Lehrer, der Mädchen sexuell belästigt, schreckt meist auch nicht davor zurück, die Mädchen unter Druck zu setzen, um sich selbst zu schützen.

Wer trotzdem versucht, gegen einen Lehrer vorzugehen, der Mädchen anfaßt, ihnen auf den Po haut und sie ständig durch anzügliche Bemerkungen belästigt, kann selbst in Konflikt mit dem Gesetz kommen. So passiert es immer wieder, daß ein Lehrer den Spieß umdreht und den Kläger wegen Verleumdung oder übler Nachrede seinerseits verklagt – und nicht selten sogar vor Gericht Recht bekommt. Das Problem bei gerichtlichen Auseinandersetzungen ist, daß der Begriff »sexuelle Belästigung« nicht eindeutig juristisch definiert ist und zur Auslegungssache wird.

Noch kürzlich stellte die Staatsanwaltschaft Koblenz ein Ermittlungsverfahren wegen sexuellen Mißbrauchs von Schutzbefohlenen gegen einen Lehrer unter anderem mit folgender Begründung ein: »(...) Sexueller Mißbrauch von Schutzbefohlenen... kommt nicht in Betracht, da dieser sexuelle Handlungen von einiger Erheblichkeit erfordert. Der Kuß eines Lehrers auf den Mund eines Schülers (es handelte sich um eine Schülerin, aber die Staatsanwaltschaft zog die männliche Form vor, TdJ) stellt nach der Rechtsprechung des BGH keine sexuelle Handlung dar. Sexuelle Nötigung... kommt ebenfalls nicht in Betracht, da der Beschuldigte nicht mit Gewalt oder durch Drohung mit gegenwärtiger Gefahr für Leib und Seele der (Name des Mädchens) genötigt hat. Eine Verurteilung ist somit nicht zu erwarten, so daß die Einstellung des Ermittlungsverfahrens geboten war.«[87]

In jenem Fall war dem Lehrer vorgeworfen worden, im und außerhalb des Unterrichts seine Schülerinnen mehrfach durch zweideutige und eindeutige Bemerkungen verbal belästigt zu haben. So hatte er einmal eine Schülerin im Anschluß an den Unterricht gefragt, ob sie mit ihm schlafen wolle, einer anderen Schülerin hatte er wiederholt einen Klaps auf den Po verpaßt. Ein anderes Mal war er mit einer Schülerin beim Nachhausefahren nach einer Klassenfeier in einen Waldweg gefahren und hatte versucht, sie zu Zärtlichkeiten zu verleiten. Als die Schülerin nicht darauf einging, küßte er sie gegen ihren Willen. Aus Angst, verletzt zu werden, und aus Angst, in der Schule bald schlechtere Zensuren zu bekommen, hatte sich die Schülerin nicht zu wehren gewagt.

Ermutigt durch die Einstellung des Ermittlungsverfahrens, zog der Lehrer vor das zuständige Amtsgericht und erhob Klage wegen Verleumdung und übler Nachrede. Obwohl das Gericht den geladenen Zeuginnen (Schülerinnen beziehungsweise ehemaligen Schülerinnen) Glauben schenkte und die Aussagen des Lehrers, der jegliche Anschuldigungen von sich wies, als nicht glaubwürdig einstufte, wurde seiner Klage wegen übler Nachrede stattgegeben. Das Gericht sah es als erwiesen an, daß der Angeklagte (der Mann, der den Lehrer ursprünglich wegen sexuellen Mißbrauchs von Schutzbefohlenen verklagt hatte) in seiner Behauptung, der Lehrer habe die Mädchen »sexuell belästigt«, zu weit gegangen sei.

In der Urteilsbegründung heißt es: »Der Angeklagte hat den Beweis dafür erbracht, daß der (Lehrer) nach einer Klassenfeier die Zeugin ... geküßt und am Oberschenkel angefaßt, die Zeugin ... im Rahmen des Sexualunterrichts gefragt hat, ob sie mit ihm schlafen wolle, gegenüber der Zeugin ... erklärt hat, ob er sie warmhalten solle, der Zeugin ... wiederholt einen Klaps auf den Po gegeben, Schülerinnen anläßlich der Hausaufgabenüberwachung an der Schulter angefaßt und erklärt hat, sie sollten aufpassen, daß ihre Äpfelchen nicht aus dem T-Shirt herausfallen würden.« So weit, so gut. Doch dann heißt es weiter: »Die vorgenannten Beweise rechtfertigen aber nicht die Behauptung gegenüber den Zeugen ..., (der Lehrer) habe Mädchen sexuell belästigt. Eine sexuelle Belästigung setzt voraus, daß die Handlung auf Sinneslust beruht oder ihr dienen soll und objektiv geeignet ist, einen anderen in seinem Empfinden nicht unerheblich zu beeinträchtigen. Eine normale Beeinträchtigung erfüllt mithin nicht die Voraussetzungen einer Belästigung. Zwar dürfen die Äußerungen des ... (Lehrers) gegenüber der Zeugin ..., ob sie mit ihm schlafen wolle und gegenüber der Zeugin..., ob er sie warmhalten solle, als Beleidigung (Paragraph 185 StGB) anzusehen sein. Die Äußerungen erreichen jedoch nicht den Grad einer erheblichen Beeinträchtigung. Das Küssen der Zeugin... und Anfassen des Oberschenkels, die Klapse auf den Po der Zeugin..., das Anfassen an der Schulter und die Bemerkung, sie sollten aufpassen, daß ihre Äpfelchen nicht aus den T-Shirts fallen würden, erfüllen nicht einmal die Voraussetzungen des Paragraph 185 StGB. Sexuelle oder sexualbezogene Handlungen sind nur dann als Beleidigung anzusehen, wenn besondere Umstände einen selbständigen beleidigenden Charakter erkennen lassen. Paragraph 185 StGB hat keine Lückenbüßerfunktion. Er dient insbesondere nicht als Auffangtatbestand für Taktlosigkeiten, Geschmacklosigkeiten, Ungehörigkeiten oder Zudringlichkeiten.«[88]

Der Angeklagte wurde zu einer saftigen Geldstrafe verurteilt, der Lehrer ging »rehabilitiert« von dannen und unterrichtet – zwar an einer anderen Schule – weiterhin Schülerinnen und Schüler. Der Verurteilte hat gegen das Urteil Revision beantragt.

Ein Grundsatzurteil, das Opfer vor sexuellen Angriffen besser schützt, ist dringend erforderlich. Wie sonst kann sichergestellt werden, daß Vorfälle dieser Art ernstgenommen werden und nicht als Kavaliersdelikte beziehungsweise »Taktlosigkeiten«, »Geschmacklosigkeiten« oder »Ungehörigkeiten« abqualifiziert und verharmlost werden. Offenbar können sich Richter nur schlecht in die Psyche eines jungen Mädchens eindenken. Wie sonst könnte behauptet werden, ein (ungewollter) Kuß sei nicht geeignet, Mädchen in ihren Empfindungen erheblich zu beeinträchtigen. Schlecht nachvollziehbar ist auch die Logik des Gerichts, daß ein Kuß offenbar nicht auf Sinneslust zurückzuführen sei beziehungsweise ihr dienen könne.

Noch ein pikantes, aber leider auch bezeichnendes Detail im Zusammenhang mit dem skizzierten Fall. Der Lehrer bewarb sich zeitgleich zum Verleumdungsprozeß um den Posten des Bürgermeisters in demselben Ort, in dem er eine Schülerin geküßt hatte und anderen Mädchen zu nahe gekommen war. Er bewarb sich aber keineswegs als einer unter vielen, sondern war vielmehr von einer großen demokratischen Partei auf Platz eins ihrer Liste gesetzt worden. In der Lokalpresse stellte sich der Bürgermeisterkandidat vor und gab an, die Wohn- und Lebensqualität in seinem Ort verbessern zu wollen.

Dieser Fall ist offenbar kein Einzelfall, denn wie eine Elterninitiative gegen Gewalt und sexuellen Mißbrauch an Kindern und Jugendlichen in mehreren anderen Fällen erfahren mußte, gehört die Verdrehung der Täterschaft durchaus zur gängigen Praxis. Das mußte auch ein Elternpaar aus Westfalen feststellen. Die Eltern eines betroffenen Mädchens wurden nach vorsichtig geäußerten Bedenken (was den Umgang eines Lehrers mit seinen Schülerinnen anging) umgehend wegen übler Nachrede beziehungsweise Verleumdung angezeigt und entsprechend unter Druck gesetzt. Wie im Fall zuvor wurden die Ermittlungen der Staatsanwaltschaft gegen den Lehrer eingestellt. Die Eltern machten ihrem Unmut unter anderem durch einen Leserbrief Luft, in dem es heißt: »(...) Das bedeutet nichts anderes, als daß jeder nach Busen, Po und Vagina greifen darf, ohne daß man ihn eines sexuell motivierten Übergriffs bezichtigen kann, vorausgesetzt, ein wenig Textil befindet sich zwischen Hand und Haut, und daß jeder, der nach Beobachtung oder Kenntnis einer solch eindeutig aktiven Handlung, wie es das Greifen nach dem Geschlechtsteil nach unserem Verständnis zumindestens ist, sich schneller auf der Anklagebank wiederfinden kann als der Greifer selbst. Klagen wegen ›übler Nachrede beziehungsweise Verleumdung‹ bedrohen also alle diejenigen, die im Interesse der Betroffenen – meistens Kinder oder Jugendliche – derartige Übergriffe kritisch verfolgen oder laut kommentieren. Da hat schon mancher – bedauerlicherweise, aber verständlich (denn wer kann oder möchte wohl eine derartige psychische Belastung und nicht zuletzt ein so hohes finanzielles Risiko tragen), resignierend aufgegeben.«[89]

Die Initiative gegen Gewalt und sexuellen Mißbrauch an Kindern und Jugendlichen e. V. appelliert an die Öffentlichkeit, sich Gedanken darüber zu machen, wo sexuelle Belästigung beziehungsweise eine sexuelle Handlung beginnt und wie dies gesetzlich zu verankern ist. Die Initiative verweist darauf, daß sie verbale, anzügliche Bemerkungen, Tätscheln von Po und Busen, Küsse und plumpe Annäherungsversuche nicht als Kavaliersdelikt einstuft. Diese Intimverletzungen können bereits zu einem Vertrauensverlust und seelischen Störungen führen.

Das neue Gleichstellungsgesetz von 1994, das allerdings auf die Berufswelt bezogen ist, definiert anzügliche verbale Äußerungen und unerwarteten Körperkontakt als »sexuelle Belästigung«. Für die Schule fehlen leider bislang noch die gesetzlichen Grundlagen, um zu einer ähnlichen Einschätzung zu kommen.

In anderen Ländern sind gesetzliche Statuten gegen Sexismus in Schulen längst selbstverständlich. So ist in

Kalifornien zum Beispiel jede Schule verpflichtet, ein eigenes Statut gegen sexuelle Belästigungen zu entwickeln und dies in der Schule an gut sichtbarer Stelle auszuhängen, sowie Kopien davon an jede Lehrkraft und alle Eltern zu verteilen. Überdies haben Schuldirektoren dort das Recht, Schüler von der vierten Klasse an wegen Übergriffen und Zuwiderhandlungen gegen die Statuten vom Unterricht zu suspendieren oder gar von der Schule zu verweisen. Dort machen Schuldirektoren und -direktorinnen auch von dieser Möglichkeit Gebrauch, wie Peggy Orenstein beschreibt. Fälle von sexueller Belästigung in Schulen (und seien sie noch so »harmlos« wie diskriminierende Kritzeleien in den Jungenklos) wurden sogar bis vor den Obersten Gerichtshof gebracht und dort gewonnen.

Bei uns sieht das, wie wir gesehen haben, alles noch etwas anders aus. Die meisten Lehrer, aber oft auch Lehrerinnen, sehen in sexueller Belästigung nur harmlose »Anmache«, einzustufen etwa wie Spucken auf dem Schulhof oder Kritzeleien an den Wänden, nichts Ernstes also. Diese »Phase« gehöre zum Erwachsenwerden wie Pickel und Akne. »Es wird, wenn überhaupt, immer erst dann auf sie eingegangen, wenn sie als ›Disziplinprobleme‹ die Durchführung des Unterrichts beeinträchtigen oder gefährden, oder wenn sie sich gegen ›Jüngere‹, ›Kleinere‹, gegen ›körperlich oder sozial Unterlegene‹ richten. Weitgehend verharmlost wird dabei, wie Jungen sogenannte ›männliche‹ Verhaltensweisen gegen Mädchen und Frauen einsetzen, um Überlegenheit zu beweisen, wie sie Mädchen und Frauen systematisch benachteiligen, disziplinieren und sie mit körperlicher Gewalt in ihrer Integrität und Würde beeinträchtigen und verletzen«, beobachtete Uta Enders-Dragässer.[90]

Wie wir in dem Kapitel über Jungen gesehen haben, stehen Jungen unter dem großen Druck, besser sein zu müssen, als sie es eigentlich sind, aber auf jeden Fall besser sein zu müssen als die Mädchen. Die daraus resultierenden Frustrationen und Aggressionen, die sich in erster Linie gegen Mädchen und Frauen richten, werden im schulischen sowie im außerschulischen Bereich nur in höchst unzureichendem Maße auf die Geschlechterfrage und die Probleme mit der »Männlichkeit« in unserer Gesellschaft zurückgeführt.

Enders-Dragässer beklagt, daß die Geschlechterfrage zur Zeit kein Thema sei. Um so eindringlicher fordert sie eine Auseinandersetzung mit der Geschlechterfrage sowie mit der Frage der männlichen Gewalt und ihren Ursachen – aus Sicht der Männer, aber auch der Frauen. »Die ›Verhaltensauffälligkeiten‹ von Jungen werden seit Jahren mehr oder weniger heftig beklagt, gelten aber immer noch weitgehend als Ausdruck ›normalen‹, ›entwicklungsbedingten‹ Jungenverhaltens, nicht nur in der Schule. Sie werden als individuelle Entgleisungen ›diszipliniert‹, aber nicht ernstgenommen als Ausdruck von Ängsten und Schwierigkeiten aufgrund von geschlechtsrollenbedingten Konflikten und Bildungsdefiziten. Ihr Bezug zur männlichen Identitätsentwicklung wird zwar nicht geleugnet, aber auch nicht problematisiert.«[91]

Es kommt mir nicht – und das möchte ich an dieser Stelle explizit betonen – auf pauschale Schuldzuweisungen gegen das männliche Geschlecht an. Auch und gerade bei der Frage der Gewalt ist es von enormer Wichtigkeit, die Problematik auch aus Sicht der Jungen zu sehen. In einem Modellversuch des Landes Schleswig-Holstein, gefördert vom Ministerium für Bildung, Wissenschaft,

Kultur und Sport, wurde ein Fortbildungsprogramm für Lehrerinnen und Lehrer zur schulischen Prävention von sexueller Gewalt gegen Mädchen und Jungen erarbeitet. Dazu erklärt Barbara Schmidt, Mitglied des Leitungsteams des Fortbildungsprojektes »Petze«: »Mit den männlichen Lehrkräften wurde ebenfalls an einer Parteilichkeit für Jungen gearbeitet. Diese beinhaltet einen kritisch – (patriarchats-kritisch) solidarischen Blick auf Jungen. Festzustellen ist, daß es Lehrern weitaus schwerer fällt, sich selbst und Jungen auch als Opfer der bestehenden strukturellen Gewaltverhältnisse zu begreifen. Die Defizite der männlichen Rolle sollen in Jungenstunden nicht wie bisher üblich mit Hinblick auf die Auswirkungen, die diese für das weibliche Geschlecht haben, betrachtet werden, sondern primär von den Jungen (Männern) in bezug auf ihre Eigensozialisation reflektiert werden. Dadurch kann es zu einer Erweiterung des Begriffs Männlichkeit kommen. Das Scheitern an den Anforderungen der männlichen Geschlechterrolle ist eine wesentliche Ursache für gewalttätiges Verhalten bei Jungen. In diesem Sinne wirken jegliche Übungen beziehungsweise gestaltpädagogische Methoden, die der Erweiterung/Reflexion und dem Abbau von herkömmlichen Rollenstereotypen gelten, als präventiv.« Diese Vorgehensweise wurde von den teilnehmenden Lehrern als profitabel und grundlegend verändernd empfunden. Dadurch, daß Jungen generell mehr Achtung, Intimität, Nähe und Vertrauen zu ihrem eigenen Geschlecht erfahren, lernen sie, sich selber und anderen zuzuhören, und werden dadurch empathiefähiger. Und davon, so folgert Barbara Schmidt, profitieren letztendlich auch die Mädchen und Lehrerinnen.

7. Was nun? – Modelle und Projekte

Eine Klasse im »grünen« Bereich

Es gibt zwar – dank der Frauenbewegung, die auf bestehende Probleme mit der Koedukation aufmerksam gemacht und zahlreiche Forschungsarbeiten dazu veröffentlicht hat – Modelle und Projekte, die auf eine Verbesserung der Situation von Mädchen in der Schule zielen. Allerdings erschien es mir, als hätten sich diese Ergebnisse in »ganz normalen« Schulen noch nicht herumgesprochen. Diese Annahme sollte sich jedoch als falsch erweisen.

Ich war, wie schon so oft zuvor, zu »Besuch« in der integrierten Gesamtschule (IGS) einer norddeutschen Großstadt. Gleich zu Anfang war mir das angenehme Klima in der Schule aufgefallen. Auch während der Pausen herrschte dort einigermaßen Ruhe, größere Schlägereien konnte ich nicht beobachten, und irgendwie gingen alle recht freundlich miteinander um. Auch bei der Gestaltung der Schule und der Architektur (die Schule ist recht neu) hatte sich jemand offenbar Gedanken gemacht. Viele offene Bereiche mit unterschiedlichen Spielangeboten luden zum Verweilen ein. Unten in der Eingangshalle standen Tischtennisplatten, und ein großer

Platz mit Bühne bot sich für Schulaufführungen an. Auf den großen Treppen der Bühne, schräg gegenüber der Cafeteria, saßen in den Pausen Schüler und Schülerinnen zum Gespräch zusammen. Eines Morgens hörte ich beim Betreten des Gebäudes laute, rhythmische Musik. Vom Sound angezogen und neugierig geworden, folgte ich den Tönen. Dabei liefen mir einige Mädchen auf hohen Stelzen über den Weg. Und was ich schließlich zu sehen bekam, erstaunte mich aufs Angenehmste. Ein Kreis von Jugendlichen hatte sich aufgebaut und jonglierte gekonnt Keulen durch die Luft. Jetzt konnte ich auch die Stelzenläuferinnen einordnen: Der Schulzirkus probte unter Leitung des engagierten Sportlehrers. Dieser Zirkus, so erfuhr ich später, war schon öfter öffentlich aufgetreten und hatte auch schon am internationalen Zirkusfestival in Köln teilgenommen. Die Bilder, die ich von den Aufführungen sah, zeugten von professioneller Zirkusunterhaltung.

Wie an einer Gesamtschule üblich, ist auch das Freizeitangebot weit gefächert. Die dafür zuständige Sozialpädagogin, die jeden Tag in der Schule für alle ansprechbar ist, bietet in der Mittagspause sogar einen Meditationskreis und seit ein paar Monaten auch einmal wöchentlich eine Mädchengruppe an. An positiven Rollenvorbildern fehlt es den Mädchen hier nicht, denn viele sogenannte Funktionsstellen, sprich Fachbereichs- oder Jahrgangsstufenleitungen, sind von Frauen besetzt. Zwar ist der Direktor ein Mann, doch die Stellvertretung ist immerhin in weiblicher Hand. Sehr bewährt hat sich das System, an der Schule jede Klasse mit einem Klassenleitungsteam zu besetzen. Das Besondere daran: Das Leitungsteam besteht jeweils aus einer Frau und einem Mann. Auf diese Weise hat jeder in der Klasse, falls erwünscht, einen geschlechtsgleichen Ansprechpartner. Diese Kompetenzverteilung hat sich in der Praxis bewährt. In der Klasse, die ich besuchte, herrschte eine Harmonie und Ruhe, die ich kaum für möglich gehalten hatte. Diese Klasse verpaßte mir den zweiten Schulschock.

Es war Montag, erste Stunde – erfahrungsgemäß die schlechteste Zeit, um eine ruhige Klasse zu erleben, denn, so berichten die meisten Lehrkräfte, den SchülerInnen steckt montags noch das Wochenende (mit zuviel TV-Konsum und Videospielen) in den Knochen. Das äußert sich im »Normalfall« durch extreme Unruhe und Konzentrationslosigkeit. Davon war hier nichts zu verspüren. Die Klasse wirkte, als hätten gerade alle ein Meditationswochenende absolviert. Die Schwingungen im Klassenzimmer lagen eindeutig im grünen Bereich. Und das kann wörtlich verstanden werden, denn die Klasse stand voll mit Blumen und Grünpflanzen. Von der Decke hingen sechs Hängepflanzen und gaben dem Ganzen so einen leichten Touch von Erholung und Ferien. So wie in den anderen Klassen der Schule, war auch hier eine Sofaecke eingerichtet worden, auf der ich es mir bequem gemacht hatte, und mehrere Regale aus hellem Holz hatten Fächer für die Hefte und Bücher eines jeden Schülers. In einer Ecke stand ein PC, der in den Freiarbeitsstunden benutzt werden durfte. Um es kurz auszudrücken: Es war so richtig gemütlich in diesem Klassenzimmer. Sich hier wohlzufühlen war kein besonderes Kunststück. Ein besseres Ambiente zum Lernen hatte ich bisher in keiner anderen Schule gefunden. Nur an Grundschulen habe ich ähnlich gemütliche Klassenräume erlebt. Ob das etwas mit dem Frauenanteil bei den Lehrenden zu tun hatte?

Die erste Stunde der Woche ist für organisatorische

Dinge reserviert. Die Klassenaufgaben wie Blumen-, Regal-, Geschirr- und Tafeldienst werden an die Tischgruppen vergeben. Beide Klassenleiter sind anwesend, die Arbeit im Team verläuft harmonisch. Dann verteilt der Klassenlehrer die Mathearbeiten und bespricht den Test jedes Schülers und jeder Schülerin kurz öffentlich, wobei er nicht mit Lob spart. Dann geht er die gesamte Arbeit an der Tafel Aufgabe für Aufgabe durch. Bei einer Aufgabe hatte ein Mädchen eine falsche Antwort gegeben, und sie scheint nach wie vor von der Richtigkeit ihrer Lösung überzeugt zu sein. Der Lehrer versucht ihr klarzumachen, daß ihre Antwort nicht richtig sei. Das Mädchen sieht ihren Fehler noch immer nicht. Die Lehrerin, es ist »Zechi«, also Martina Zech-Dorin, klinkt sich ein und ergreift Partei für das Mädchen. Sie versucht zu klären, ob es sich eventuell um ein Verständnisproblem des Lehrers handelt und die Antwort des Mädchens vielleicht doch richtig zu interpretieren sei. Offenbar ist die Antwort tatsächlich faktisch falsch, aber durch die Intervention der Lehrerin braucht sich die Schülerin nicht bloßgestellt vorzukommen.

Besonders fällt mir allerdings das Verhalten der Jungen in dieser achten Klasse auf. Kein Rüpel versucht sich in den Vordergrund zu drängen und die Aufmerksamkeit auf sich zu ziehen. Der Unterschied im Benehmen zwischen Jungen und Mädchen verschwimmt in dieser Klasse. Die Polaritäten sind, zumindest in dieser Stunde, weitgehend aufgehoben. Das war nicht immer so, wie mir beide Klassenleiter und einige Mädchen nach der Stunde berichten. In der fünften Klasse, also ganz zu Anfang, seien einige Jungen sehr wohl aggressiv und »unmöglich« gewesen. Sie hätten sogar einmal im Jungenklo ein Feuer entfacht. Hätten da nicht beide Klassenleiter massiv an der Lösung dieses Problems gearbeitet, wäre es um die Harmonie in der Klasse jetzt wohl anders bestellt. Der Lehrer gibt zu, daß es ein langer Prozeß war, den Jungen klarzumachen, daß ein derartiges Machogehabe nicht ankomme und auch nicht erwünscht sei. Er habe sich viel Zeit für persönliche Gespräche genommen und machte dabei die Entdeckung, daß die meisten »Rüpel« zu Hause tatsächlich Probleme mit ihrem Vater hatten oder vaterlos aufwuchsen. Diese Jungen hatten also das Glück, daß ihr Mangel an gelebter, positiver Männlichkeit zu Hause in der Schule durch einen engagierten Lehrer aufgefangen werden konnte. Dabei verknüpfte der Lehrer Autorität (er setzt eindeutig Grenzen und sorgt dafür, daß sie eingehalten werden) mit Menschlichkeit und der Bereitschaft, sich, wenn nötig, auf jeden einzelnen auch einzulassen.

Martina Zech-Dorin erzählt mir die Geschichte von Morris, der zunächst ein äußerst schwieriger Fall war und noch immer als einziger Junge alleine mit Mädchen in der Tischgruppe sitzt. Anfänglich hatte Morris »null Selbstbewußtsein«, heulte wegen jeder Kleinigkeit, zappelte stets herum und wechselte in seinem Verhalten ständig zwischen Apathie und Aggression. Dieser Junge wurde systematisch aufgebaut, so Zech-Dorin. Allerdings wurden auch ihm immer wieder seine Grenzen abgesteckt und darauf geachtet, daß er seine Arbeit machte. Einmal, so erzählt die Lehrerin, habe er sie bis zur Weißglut gereizt, indem er sich weigerte, seine Wochenarbeit zu machen. (Zur Erklärung: In der Gesamtschule gibt es keine Hausaufgaben, sondern die Aufgaben werden in Wochenpläne aufgeteilt und von den Schülern und Schülerinnen in den Freiarbeitsstunden in der Schule erledigt.)

Außer sich vor Wut, packte die engagierte Lehrerin sich sein Heft mit den fehlenden Aufgaben, fuhr zu Morris nach Hause und steckte ihm die Aufgaben, zusammen mit einem kleinen Zettelchen in den Briefkasten. Von da an machte Morris seine Aufgaben in der Schule.

Eingebunden in den »Erziehungsprozeß« war die gesamte Klasse, denn alle Problemfälle werden, zusätzlich zu dem individuellen Gespräch mit dem einzelnen Schüler beziehungsweise der Schülerin, auch immer in der ganzen Klasse besprochen. Besonderes Lob bekamen dabei die Mädchen in Morris' Tischgruppe, die bei dem Prozeß sehr geholfen hatten. Hierin liegt wohl auch der entscheidende Unterschied zu »herkömmlichen« Versuchen, die Mädchen zur Disziplinierung der Jungen einzusetzen. Hier erfahren sie Anerkennung für ihre Bemühungen, die nicht als selbstverständlich vorausgesetzt werden, und die Mädchen werden damit nicht alleine gelassen. Das ist ein Beispiel, wie geschlechtstypisches Verhalten (die Mädchen agieren als Integrationsfiguren und stellen das sozial erwünschte Kleinklima her) zwar geschlechtsunterschiedlich, aber gleichwertig behandelt wird. Ziel der Lehrerin ist es, daß sich letztendlich alle Schüler und Schülerinnen ihrer Klasse selbstverantwortlich verhalten.

Als ich an diesem Tag nach Hause ging, tönte mir auf dem Flur der Schule ein alter Beatles-Song, mehrstimmig gesungen und begleitet von einem Piano, entgegen. Noch konnte ich nicht ausmachen, wo diese inspirierenden Klänge herkamen, aber der Rhythmus war animierend, und ich war versucht mitzusingen. Ähnlich erging es wohl zwei Jungen höherer Klassen, die auf dem Flur mitsangen und mittanzten. Als ich um die Ecke bog, sah ich sie: Die achte Klasse, bei der ich soeben noch eine Lektion in Sachen Unterrichtsgestaltung erhalten hatte, stand in Dreiarreihen auf Bühnenblöcken und schmetterte aus voller Seele. Davor saß am Klavier der Klassenlehrer. Die Akustik – durch die offene, integrierte Gestaltung des Treppenhauses zog der Gesang durch alle Etagen – sorgte als natürlicher Verstärker, und die Sangeslust war greifbar zu spüren.

Auch wenn es zunächst so aussieht, ist diese Schule kein völliger Ausnahmefall. Es gibt inzwischen einige Schulen im Bundesgebiet, an denen neue Unterrichtsformen ausprobiert werden, Modelle und Projekte laufen. Davon möchte ich nun einige vorstellen.

Physik und Chemie (extra) für Mädchen

In Schleswig-Holstein lief ein Modellversuch mit gleichgeschlechtlichen Unterrichtsgruppen, an dem zwölf Klassen (siebte Jahrgangsstufe) in Physik und zwölf Klassen (neunte Jahrgangsstufe) in Chemie teilnahmen. Der Lernerfolg wurde mit fünfzehn Kontrollklassen überprüft. Ausgangslage des Modellversuchs mit dem Titel »Chancengleichheit – Veränderung des Anfangsunterrichts Physik/Chemie unter besonderer Berücksichtigung der Kompetenzen und Interessen von Mädchen« war es, das Interesse und die Beteiligung der Mädchen am Physikbeziehungsweise Chemieunterricht zu fördern. Beunruhigt über die mit zehn Prozent erschreckend niedrige Frauenrate in Leistungskurven der gymnasialen Oberstufe und an Hochschulen entschlossen sich Forscher und Forscherinnen des Instituts für Pädagogik der Naturwissenschaften der Universität Kiel, etwas gegen die Verstärkung geschlechtsspezifischer Interessen an koedukativen Schulen zu unternehmen. Sie empfanden es als untragbar, daß Frauen durch Mißerfolge in der Schule der Zugang zu einem chancenreichen Zweig des Arbeitsmarktes verschlossen bleibt. Zum anderen erhoffte sich das Team durch einen höheren Anteil von Physikerinnen und Technikerinnen menschengerechtere und naturverträglichere Entwicklungen in Industrie und Forschung. Die Pädagogen und Pädagoginnen entwickelten deshalb Unterrichtskonzepte, die sich vom herkömmlichen Physik- beziehungsweise Chemieunterricht in drei Bereichen unterschieden:

1. Die Unterrichtsinhalte und -methoden sollten die Lebenszusammenhänge und Fähigkeiten von Mädchen besser berücksichtigen. Denn – so hatten die Pädagogen und Pädagoginnen in einer vorhergehenden Studie über Interessen von Mädchen und Jungen bezüglich verschiedener Gebiete der Physik festgestellt – was für Mädchen interessant ist, ist auch für Jungen interessant, nicht aber umgekehrt.
2. Das Interaktionsgeschehen in der Klasse sollte zugunsten der Mädchen verändert werden. Das heißt: Lehrkräfte sollten Verhaltensmuster erkennen und abbauen, die Mädchen benachteiligen.
3. Es wurden Versuche mit verschiedenen Organisationsformen gemacht, und zwar in getrenntgeschlechtlichen Gruppen, in kleineren gesamtgeschlechtlichen Klassen und in gemischten Gesamtklassen. Auf diese Weise wollte das Team von der Uni Kiel herausfinden, welche Organisationsform am geeignetsten für Mädchen sei. Im ersten Sachbericht heißt es dazu: »Die getrenntge-

schlechtlichen Unterrichtsstunden sollen Mädchen einen Freiraum bieten, um fehlende vor- und außerschulische Erfahrungen auszugleichen. Sie sollen Mädchen ermöglichen, eigene Erfahrungen zu machen, unbeeinträchtigt durch Dominanz-, Konkurrenz-, Abwertungs- und Verdrängungsmechanismen, mit denen Jungen häufig das Unterrichtsgeschehen bestimmen. Die Schülerexperimente im getrennten Unterricht können Mädchen Erfolgserlebnisse und Kompetenzgefühl vermitteln. Dies können sie dann bei der gemeinsamen Auswertung im Klassenverband einbringen und demzufolge auch in Gegenwart von Jungen ein entsprechendes Selbstbewußtsein aufbauen. Für Jungen eröffnet die ›Mischform‹ die Möglichkeit, in den Jungen-Halbklassen soziale Verhaltensweisen zu entwickeln sowie Konkurrenz- und Dominanzverhalten abzubauen, frei von der subjektiven ›Verpflichtung‹, den Mädchen imponieren zu müssen.«[92]

In einer einjährigen Vorlaufphase wurden gemeinsam mit den beteiligten Lehrkräften Unterrichtsmaterialien entwickelt. Zwar hielten sich die Materialien an die erarbeiteten Konzepte für einen mädchenfreundlicheren Unterricht, die zu unterrichtenden Inhalte richteten sich jedoch – Auflage des Ministeriums für Frauen, Bildung, Weiterbildung und Sport, das den Modellversuch auch finanziell unterstützte – streng an den Lehrplan. Zudem war das aber auch erforderlich, um einen fairen Vergleich zu den Kontrollklassen zu bekommen.

Die Leiterin des Modellversuchs, die Psychologin Lore Hoffmann, erläutert, was das konkret für die Lehrinhalte bedeutet: »Angesichts der Erkenntnis, daß es für den Lernerfolg von Mädchen wichtiger ist als für Jungen, die Unterrichtsinhalte in Sinnzusammenhänge eingebunden zu finden, wurde versucht, die Lehrplaninhalte in größeren Komplexen nach übergreifenden Fragestellungen von allgemeiner Bedeutung zu organisieren. Für den Physikunterricht konnten solche Sinnzusammenhänge zum Beispiel in der Behandlung von Verkehrssicherheit, Musikinstrumenten, Lärmschutz, Wärme im Haushalt etc. gefunden werden.« Besonderes Augenmerk wurde auch auf das Selbstvertrauen der Mädchen in den Fächern Physik und Chemie gelegt. Durch einen Katalog von Verhaltensweisen für die Lehrpersonen sollte das Selbstbild der Mädchen verbessert werden. Dazu wurden Lehrkräfte in mehrtägigen Fortbildungstagungen für ihre eigenen geschlechtsspezifischen Interaktionsprozesse im Unterricht sensibilisiert. Um diese Interaktionsmuster besser kontrollieren und ändern zu können, wurde den Lehrern umfangreiches Informationsmaterial an die Hand gegeben. Den Lehrkräften sollte es so ermöglicht werden, ihren eigenen Unterricht aus einer anderen Perspektive wahrzunehmen und Routinehandlungen und Reaktionen gegebenenfalls neu zu interpretieren und in der Folge eventuell eigenes Verhalten zu ändern. Vielfältige Beobachtungsinstrumente sollten diesen Prozeß unterstützen, so ein Bogen, auf dem Unterrichtsbeobachter und -beobachterinnen notierten, welche Formen der Unterstützung, Hilfe, Ermutigung und welche Formen der Kritik und der Entmutigung die Lehrkräfte anwendeten. Diese Beobachtungsbögen wurden im Anschluß an den Unterricht mit den Lehrerinnen und Lehrern durchgesprochen. Darüber hinaus wurden auch einzelne Unterrichtsstunden per Video aufgezeichnet, um Unterrichtsinteraktionen aufzuzeigen und den Lehrkräften (eigene und fremde) Verhaltensmuster zu verdeutlichen. Um ein möglichst genaues Bild über den Verlauf und das subjektive Empfinden der beteiligten Personen zu bekommen, wurden sowohl Schüler und Schülerinnen als auch Lehrer und Lehrerinnen noch zusätzlich schriftlich wie auch mündlich befragt.

Zu den Ergebnissen: Schon recht bald ließ sich absehen, daß Mädchen dem neukonzipierten Unterricht ein größeres Interesse entgegenbrachten als dem bisherigen Unterricht. Bei Jungen war hingegen bei ihrem ohnehin hohen Interesse am Physikunterricht keine weitere Steigerung zu erkennen.

Die Wissenstests am Schuljahresende belegen, daß alle Modellklassen gegenüber den Kontrollklassen (in denen »herkömmlich« unterrichtet wurde) eindeutig besser abschnitten. Insbesondere stellte sich heraus, daß Mädchen aus reinen Mädchengruppen in ihrem Wissen, aber auch in ihrer Interessenentwicklung für das Fach Physik – und in geringerem Maße auch für Chemie –, den Mädchen aus den koedukativ unterrichteten Klassen weit überlegen waren. Bei den Jungen hingegen machte es keinen Unterschied, an welcher der drei Unterrichtsvarianten sie teilgenommen hatten.

Während bei Mädchen, die herkömmlich unterrichtet wurden (Kontrollklassen), das Interesse an Physik im Laufe des Schuljahres immer geringer wurde, war bei Mädchen, die in geschlechtsgleichen Modellklassen (mit alternativen Unterrichtsmethoden) unterrichtet wurden, genau das Gegenteil der Fall. Je länger sie unterrichtet wurden, um so interessanter fanden sie Physik. Ihr Interesse war am Schuljahresende genauso hoch wie das der Jungen, bei einer Unterrichtseinheit (»Wir machen Bilder«) waren Mädchen sogar motivierter bei der Sache.

Die Wissenschaftler und Wissenschaftlerinnen zogen daraus den Schluß, daß der Unterricht im Modellversuch bei Mädchen zu einer positiveren Einstellung gegenüber Physik und auch ihrem Alltagsleben gegenüber gewonnen hatten. Allerdings scheint die stärkere Aufmerksamkeit, die durch diese Art Unterricht den Mädchen entgegengebracht wird, bei den Jungen Konkurrenzdruck auszulösen. Sie erlebten das Verhalten der Schülerinnen und Schüler während der zeitweisen Klassenverteilung als weniger kooperativ und stärker konkurrierend. Sowohl Schülerinnen als auch Schüler erfuhren eine Verhaltensänderung ihrer Lehrkräfte im Modellversuch. Die Lehrerinnen und Lehrer erschienen ihnen kompetenter (sie wußten immer, was in der Klasse vor sich geht) und gerechter, indem sie auf das Sozialverhalten der Schülerinnen und Schüler untereinander achteten und beide Geschlechter »gleich« behandelten.

Positiv auch die Bilanz der Lehrkräfte: »...man ist doch wesentlich aufmerksamer dem Problem gegenüber geworden. Ich habe inzwischen auch keine Scheu gehabt, Mädchen ganz bewußt zu bevorzugen, um sie zu stützen und um ihnen mehr Selbstvertrauen gegenüber der Gruppe der Jungen zu geben..., das habe ich vorher nicht getan.«

»In der geteilten Klasse habe ich am Anfang ganz bewußt versucht, die sogenannten ›stillen Mädchen‹ ganz gezielt aus der Reserve zu locken.«

»Die Mädchen hatten sehr großen Erfolg beim Experimentieren, sie experimentierten sehr selbstständig und nicht mehr ängstlich.«

Einige Lehrkräfte sagten am Ende des Modellversuchs, daß sie jetzt so weit seien, an ihren eigenen Verhaltensmustern gezielt zu arbeiten. Deshalb, so folgert das Forscherteam, ist es sinnvoll, Modellversuche und Projekte, die zum Ziel haben, geschlechtsspezifische Verhaltensmuster und Einstellungen – und damit auch die eigene Persönlichkeit – in Frage zu stellen und aufzubrechen, langfristig anzulegen. Kurzfristig ließen sich Verhaltensänderungen nicht erreichen. Denn, und auch das hat der Modellversuch deutlich gezeigt, geschlechtsgetrennter Unterricht (von dem Mädchen eindeutig profitieren) wird erst richtig wirksam, wenn er von überzeugten Lehrkräften gestützt wird.[93]

Eine Lehrerin berichtet: Zwei Jahre Unterricht in geschlechtsgleichen Gruppen

Geschlechtsgetrennter Unterricht, also die Trennung einer gemischten Klasse in reine Jungen und Mädchenklassen, wird in den letzten Jahren immer häufiger eingesetzt, um die negativen Begleiterscheinungen der Koedukation auszugleichen. Aus Lehrerinnensicht hier nun der Bericht von Christin Grohn-Menard (der Name ist nicht geändert), die an einer Gesamtoberschule in Berlin zwei Jahre in mehreren Klassen gleichgeschlechtlichen Unterricht organisierte und erteilte.[94]

»Lange Zeit war ich fest davon überzeugt, daß die koedukative Gesamtschule *die* Chance bietet, die benachteiligte Situation von Mädchen zu verändern – so ungefähr kann ich meine Einstellung zur Frage der Koedukation noch vor circa vier Jahren kennzeichnen. Durch diese Brille gesehen, stellten sich mir meine eigenen Erinnerungen an die Schulzeit (Abitur an einer Mädchenschule) als veraltet und überholt dar, und die Probleme der ›schweigsamen‹ Mädchen, die ich in allen Unterrichtsgruppen antraf, schienen mir mit etwas gutem Willen und entsprechender Ermunterung lösbar. [...] Aber so richtig engagiert, wie ich mir meine Schülerinnen wünschte, wurden nur wenige.«

In der Diskussion mit einem Politikwissenschafts-Grundkurs stieß sie auf einen Zeitungsbericht über die Untersuchung an drei nordrhein-westfälischen Universitäten, die zu dem Ergebnis kamen, daß Studentinnen in traditionellen Männerfächern überwiegend von Mädchenschulen kommen, oder anders formuliert: Mädchen, die ihr Abitur an einer koedukativen Schule gemacht haben, wählen seltener Studienfächer, die traditionell als Männerfächer gelten (Mathematik, Naturwissenschaften, Informatik, Technik), als Absolventinnen reiner Mädchenschulen. Daraufhin begann sie ihre Schulerfahrungen in einem anderen Licht zu sehen und wurde aufmerksam auf eine Reihe von Fortbildungsveranstaltungen zu Fragen der Koedukation. Ihr wurde immer deutlicher, daß das, was landläufig als Koedukation gemeint war, nicht mehr war als Unterricht von Mädchen und Jungen im selben Raum zur selben Zeit mit denselben Materialien, ein Organisationsprinzip also, dem kein inhaltliches Konzept zugrunde lag. »Aus dieser organisatorischen Veränderung, aus der Koinstruktion also, würde, so glaubten viele, eine Veränderung des Rollenverständnisses und des Verhaltens erwachsen. Daß der heimliche Lehrplan aber auch hier mehr Wirkung hat als der offizielle, blieb lange Zeit völlig unreflektiert.« Christin Grohn-Menard erkannte, daß Mädchen in koedukativen Schulen vor allem lernten, daß

- sie den Jungen helfen müssen, sich diszipliniert zu verhalten
- sie die Lehrerin oder den Lehrer darin unterstützen müssen, die Disziplin im Unterricht aufrechtzuerhalten
- der Unterricht über weite Strecken für Jungen gemacht wird
- sie ihre eigenen Wünsche denen der Jungen unterordnen müssen.

»Wenn ich mich nicht mit Koinstruktion zufriedengebe, sondern Koedukation will, muß ich mir darüber klar sein, daß der Weg lang ist und daß wir noch nicht weit vorangekommen sind«, erkannte die Lehrerin. Die Ausgangssituation sah für Christin Grohn-Menard so aus:

»1. Mädchen und Jungen sind gleich an Leistungsstärke, unterscheiden sich aber im Herangehen an Fragestellungen, an Inhalte, im Schwerpunkt ihrer Neugier, ihres Interesses.

2. Die Mathematik hat im Schulunterricht schon immer zu den schwersten Fächern gezählt. Aus der Tatsache, daß den Jungen die Mathematik schwerfiel, zogen sie als Männer den Schluß, daß Mathematik den Mädchen noch viel schwerer fallen würde. Das heißt, eine Leistung, die dem herrschenden Geschlecht schwer wurde, konnte für das beherrschte Geschlecht eigentlich nicht zu bewältigen sein.[95]

3. Nicht (nur) Mädchen haben Defizite..., sondern auch das Verhalten des männlichen Teils unserer (Schul-) Gesellschaft ist in erheblichen Teilen defizitär, vor allem im Bereich der sozialen Kompetenz.

4. Eine vorübergehende Aufhebung der Koedukation stößt am meisten dort auf Widerstand, wo es darum

geht, eine reine Jungengruppe einzurichten beziehungsweise übernehmen zu müssen – der absolute Horror vor allem in der Disziplin. Anders ausgedrückt: Mädchen werden gebraucht, nicht wegen der Leistung, sondern als beruhigendes Element in der Klasse.

5. In Berlin waren im Schuljahr 1989/90 zwar mehr Mädchen als Jungen an Gymnasien und Realschulen, und auch etwas mehr als fünfzig Prozent der Abiturienten waren weiblich – aber nach wie vor wählen Mädchen mehrheitlich Berufe, in denen sie entbehrlich sind und nicht mit Männern konkurrieren müssen.«

Mit Beginn des Schuljahres 1989/90 hatte Christin Grohn-Menard – nach anfänglichen Widerständen im Kollegium, insbesondere auf Seiten der Männer – die Gelegenheit, in der neuen siebten Jahrgangsstufe, die sie leiten sollte, den Unterricht so zu organisieren, daß geschlechtsgetrennte Gruppen entstanden. An verschiedenen Schulen in Westberlin waren zu dieser Zeit bereits ähnliche Versuche im Gange. Es wurden also in der siebten Klasse in den Fächern Arbeitslehre und Physik Teilungsgruppen eingerichtet, und Christin Grohn-Menard konnte diese Teilung in der achten Klasse in Chemie und Biologie fortsetzen. Die bereits eingeplanten Fachlehrerinnen und Lehrer waren sofort einverstanden, und die Zuordnung zu den Gruppen war problemlos. Auch die Schulleitung gab grünes Licht.

»Die zwei Jahre verliefen zu aller Zufriedenheit. Der Lehrer, der am meisten Bedenken gehabt hatte, eine reine Jungengruppe zu übernehmen, machte mit dem Lernverhalten dieser Jungen äußerst positive Erfahrungen. Im Verlauf dieser Zeit habe ich die Gruppen mehrfach im Unterricht besucht. Die atmosphärischen Vorteile ließen sich schlecht als Argument in der Gesamtkonferenz verwenden, der ich nach zwei Jahren Bericht erstattete – sie waren eher etwas, was man miterleben mußte.«

Die Unterrichtsbeteiligung der Mädchen verbesserte sich, ihre Stimmen wurden lauter, sie ließen sich von anderen Mädchen in der Klasse nicht unterbrechen, und sie brachten ihre Interessen stärker ein. Kurz: Die Mädchen gingen begeistert und im Selbstbewußtsein gestärkt zurück in den koedukativen Unterricht. Aber auch auf Jungenseite stellten sich die Lehrerbefürchtungen vom »wilden Haufen« als unbegründet heraus – im Gegenteil: Die Jungen wurden ruhiger, sachorientierter und konzentrierter.

Es zeigte sich, daß die Zensuren der Mädchen aus der homogenen Gruppe generell höher lagen als der Durchschnitt der Zensuren von Mädchen aus heterogenen Gruppen (obwohl diese homogene Mädchengruppe organisatorisch bedingt größer war als vergleichbare Gruppen im Jahrgang). Aber auch bei den Jungen aus den homogenen Gruppen war diese Entwicklung festzustellen, zwar nicht so deutlich und auch nicht immer, da die Klassen gewisse Unterschiede aufwiesen, aber die Tendenz war nicht zu übersehen. Dazu Christin Grohn-Menard: »Nun geht es nicht primär oder ausschließlich um die Zensuren, aber es ist natürlich klar, daß der Leistungsnachweis wichtig und signifikant ist. Mir ging und geht es wesentlich auch um andere Aspekte:

- Der Zugang zu einem eher als Jungen-Domäne eingestuften Fach sollte auf andere als bisher erfahrene Weise gelingen (das zielt vor allem ab auf Physik).
- Die homogene Gruppe sollte ein Lernklima ermöglichen, in dem Mädchen mehr Zutrauen zu ihren eige-

nen Leistungsstärken und Fähigkeiten entwickeln können.
- (...) Für die Jungen ist es eine gute Erfahrung, ihre eigenen Fähigkeiten in einer homogenen Gruppe zu zeigen und zu messen, ohne den Verweis auf die schlechteren Leistungen der Mädchen als Rechtfertigung benutzen zu können.«

Zwei Monate nach Beginn der neunten Klasse, als die Schülerinnen und Schüler also schon wieder einige Zeit zusammen unterrichtet wurden, befragte Christin Grohn-Menard die Jungen und Mädchen, wie sie die getrennte Unterrichtszeit empfunden hätten und wie sie jetzt mit ihrer Situation zufrieden seien. Im Anschluß an die schriftliche Befragung diskutierte sie noch mit einigen Mädchen darüber. Weniger als die Hälfte fand die neue Situation (wieder zusammen unterrichtet zu werden) ungewohnt. Dabei wiesen die Mädchen vor allem darauf hin, daß sich das Verhalten des Lehrers beziehungsweise der Lehrerin in der Zeit des Lehrversuchs verändert habe, das heißt, daß die Schülerinnen es anders wahrgenommen hatten (vielleicht, so überlegt Grohn-Menard, weil sie nicht durch andere Dinge abgelenkt waren). Insgesamt, so beurteilten die Mädchen die vergangenen zwei Jahre, hätten sie mehr gelernt und hätten sich wohl gefühlt in ihrer Gruppe. Allerdings gaben auch fünfzig Prozent an, daß es ihnen eigentlich egal sei, ob sie in einer homogenen oder einer heterogenen Gruppe arbeiteten. In der Diskussion erkannte Christin Grohn-Menard, was die anonyme Befragung nicht zeigte: Vor allem die zurückhaltenden Mädchen konnten sich mit der andersartigen Form des Unterrichts gut identifizieren. Bei den Jungen war es ebenfalls der Hälfte egal, ob sie in homogenen oder heterogenen Gruppen unterrichtet wurden. Fünfzig Prozent meinten, sie hätten genausoviel gelernt wie sonst auch. Das könnte, so mutmaßt Grohn-Menard, daher kommen, daß bei den Jungen in dieser Hinsicht kein Problembewußtsein vorhanden war.

»Arbeits- und Kontaktschwierigkeiten gab es in den homogenen Gruppen weder für Jungen noch für Mädchen. Das Mißtrauen, daß es die Mädchen leichter hatten, traute sich nur einer zu formulieren; andere Äußerungen lassen aber vermuten, daß dieses Vorurteil in einigen Köpfen herumspukt. (...) Die Mädchen beurteilten die vergangene Zeit vielfach als wichtig (auch wenn es ihnen »egal« war), sie trauten sich mehr und konnten sich besser konzentrieren – ein Argument, das auch bei den Jungen häufig wiederkehrte.« An der neuen Situation, also am heterogenen Unterricht bemängelten die Mädchen, daß

- die Jungen bei jedem Fehler lachten
- die Jungen sich so cool gaben
- es (wieder) peinlich war, etwas falsch zu machen – also alles Punkte, die auf alle anderen Unterrichtsfächer sicher auch zutreffen.

Viele wünschten sich eine Fortsetzung des Versuchs. Die Jungen machten fast keine Anmerkung zur neuen Situation, außer, daß sie es jetzt lustiger fanden, allerdings auch unruhiger (durch die Mädchen, wie sie meinten!).

Christin Grohn-Menard faßt die Ziele ihres Projekts wie folgt zusammen:

- Es geht »nicht um das Wiederflechten alter Zöpfe, die wir doch längst abgeschnitten haben, also nicht um die Abschaffung der Koedukation zugunsten der Wiedereinführung getrennter Schulen (das wäre ein Rückschritt um fast dreißig Jahre...). Es geht mir vielmehr darum, daß *auch* andere Organisationsformen möglich, schon in den Köpfen möglich sein sollten, daß öfter mal darüber nachgedacht wird, ob für eine gewisse Zeit nicht auch einmal eine homogene Gruppe eingerichtet werden kann (z. B. im Wahlpflichtfach Informatik, aber – wie sollte es anders sein – dieses Fach wählen zu wenig Mädchen, um an mittelgroßen Schulen einen Kurs zustande zu bringen).

- Vor allem geht es um die Stärkung des Problembewußtseins bei uns allen; die organisatorische Einführung und Gewährleistung koedukativen Unterrichts reicht offenbar nicht aus, um Chancengleichheit herzustellen. Es bedarf einer bewußten Interaktionsveränderung, um für Jungen und Mädchen dasselbe Lernklima herzustellen.
- Es geht darum, daß wir uns die Defizite beider Lerngruppen vor Augen führen (unsere eigenen damit unweigerlich auch) und über Formen nachdenken, wie wir damit umgehen. Natürlich beanspruchen die Jungen viel Kraft und Zeit, aber das kann nicht automatisch heißen, daß diese Kraft und Zeit den Mädchen entzogen werden *muß*. Vielleicht läßt sich über Unterrichtsinhalte dort einiges wiedergutmachen.«
- Wichtig scheint Christin Grohn-Menard auch, daß – solange die Dominanz der Jungen in der Schule nicht abgebaut wird – den Mädchen Räume zur Verfügung stehen, zu denen Jungen keinen Zutritt haben. »Das kann konkret bedeuten, daß verstärkt Mädchengruppen im außerschulischen Bereich eingerichtet werden. Ich habe in meinem neuen siebten Jahrgang wieder so begonnen und will demnächst mit der Unterstützung einiger Erzieherinnen und Erzieher an unserer Schule

die Zahl der Angebote für geschlechtsgetrennte Aktivitäten im Freizeitbereich vergrößern. Immerhin haben wir inzwischen ein Infobrett für Mädchen, das nicht nur uns, sondern auch den umliegenden Jugendfreizeiteinrichtungen im Kiez die Möglichkeit gibt, ihre Aktivitäten – Mädchennachmittage, Projekte für Mädchen und ähnliches – in der Schule bekanntzumachen.«

Dieser Bericht von Christin Grohn-Menard zeigt, daß es möglich ist, mit Eigeninitiative und persönlichem Einsatz etwas zu bewegen. Typisch daran ist, daß zunächst das Kollegium sensibilisiert werden mußte und sich die Kollegen erst gedanklich mit der Vorstellung anfreunden mußten, daß geschlechtsgetrennte Klassen nicht nur sinnvoll, sondern sogar in gewissem Maße notwendig sind. Notwendig deshalb, weil dadurch für Mädchen Räume geschaffen werden, in denen sie sich ungestört entfalten können und in denen mädchengerecht auf sie eingegangen werden kann. In der patriarchalischen Gesellschaft bleiben Mädchen sonst, wie wir gesehen haben, zu oft auf der Strecke. Für wichtig halte ich diese Versuche aber auch, weil ihr Erfolg auf sie aufmerksam macht. Durch die positiven Ergebnisse solcher Versuche werden Mädchen, Lehrerinnen und Lehrern sowie nicht zuletzt auch den Eltern die Defizite des herkömmlichen Unterrichts klar vor Augen geführt.

Das Problembewußtsein für geschlechtliche Benachteiligungen in der Schule ist zur Zeit noch derart unterentwickelt, daß gerade solche Versuche verdeutlichen, wo dringend Handlungsbedarf besteht. Besonders hervorheben möchte ich noch die Tatsache, daß auch den Mädchen ihre Benachteiligungen zunächst nicht bewußt sind. Wenn ich sie gefragt habe, ob sie sich durch die Jungen gestört oder von den Lehrern und Lehrerinnen benachteiligt fühlten, wurde dies zunächst einmal verneint. Erst im weiteren Gespräch wurde deutlich, daß Diskriminierungen durchaus bestanden, daß diese von den Mädchen aber erst als solche erkannt wurden, wenn sie explizit darauf hingewiesen wurden. Zu diesem Ergebnis kommen auch Untersuchungen eines nordrhein-westfälischen Schulversuchs.[96] Das hat sicherlich damit zu tun, daß die Benachteiligung von Mädchen beziehungsweise Frauen so »normal« ist, daß die Verhaltensmuster der Benachteiligung nicht weiter ins Auge springen. Mädchen sind mit den Werten und Normen unserer Gesellschaft aufgewachsen und sind in diesen Gedankengebäuden so gefangen, daß sie oft nicht über diese hinaussehen können. Deshalb erscheint ihnen auch, ähnlich wie Christin Grohn-Menard noch vor vier Jahren, die Vorstellung, nur unter Mädchen unterrichtet zu werden, nicht besonders verlockend und antiquiert. Viele Mädchen schauten mich nämlich mit großen Augen an, wenn ich sie fragte, ob sie sich einen Unterricht in einer reinen Mädchenklasse vorstellen könnten. Meist wurde schon allein die Vorstellung dieser Möglichkeit abgelehnt. So erging es auch den Mädchen in der Schule von Christin Grohn-Menard. Die Aussicht, Unterricht ohne Jungen zu bekommen, wurde zunächst nicht unbedingt begrüßt. Erst als sie eigene Erfahrungen mit dieser neuen (oder eigentlich alten) Methode machen konnten, gefiel es den meisten. Nur zwei Mädchen sagten bei der abschließenden Befragung, daß es ihnen ohne Jungen nicht gefallen habe. Dagegen wünschten sich jedoch viele Mädchen mehr Unterricht ohne Jungen.

Eine Unterrichtstrennung in einigen Fächern kann wesentlich dazu beitragen, daß die eigene Situation von Lehrern und Lehrerinnen sowie Eltern besser erkannt wird. Als Ergänzung zum getrennten Unterricht wäre eine parallele Unterrichtsbegleitung über Geschlechtsrollen und Interaktionen in der Schule und der Gesellschaft – so wie es der Modellversuch in Kiel vormachte – wünschenswert. Auch die Forderung nach einem eigenen Schulfach zu Geschlechterfragen ist in Anbetracht der weitreichenden Problematik und der Ignoranz in breiten Teilen der Gesellschaft durchaus zu unterstützen.

Die Debatte zur Koedukation

Eher kritisch bewerten die Frauenforscherinnen Hannelore Faulstich-Wieland sowie in letzter Zeit auch Marianne Horstkämper den Trend zum geschlechtsgleichen Unterricht. Sie befürchten, daß sich die Einstellungen von Lehrkräften durch Unterrichtstrennungen nicht automatisch zugunsten von Mädchen verändern. Vielmehr sei zu befürchten, daß durch getrennten Unterricht die Vorurteile gegenüber Mädchen – daß sie in Naturwissenschaften schlechter seien – nur noch verstärkt würden.[97] Es könnte so aussehen, als seien die Mädchen darauf angewiesen, einen eigenen »Förderunterricht« zu bekommen, der qualitativ nicht mit dem der Jungen mithalten könne. Damit stützt sich Hannelore Faulstich-Wieland auf eine eigene Untersuchung, in der sie tausendeinunddreißig Schülerinnen und Schüler vom dritten bis zum dreizehnten Schuljahr in Aufsatzform ihre gegenwärtigen Erfahrungen mit der Koedukation beschreiben ließ und sie anschließend bat, ihre Vorstellungen zu getrennten Schulen darzulegen.[98] Darin sprachen sich siebzig Prozent aller Befragten für die Koedukation aus, sechzehn Prozent hatten dazu keine Meinung, und nur fünfzehn Prozent waren für eine Geschlechtertrennung in der Schule. Bei näherem Hinschauen wird allerdings deutlich, daß wesentlich mehr Mädchen ihr Interesse an Trennungen äußerten als Jungen.

Bemerkenswert ist auch der Einfluß des Alters auf die Meinung zur Trennungsfrage in der Jahrgangsverteilung. In der Grundschule wird Koedukation überwiegend befürwortet. Bei den Jungen ist die Zustimmung in der Orientierungsstufe am geringsten, bei den Mädchen in der neunten und zehnten Klasse. Am höchsten ist der Wunsch nach Koedukation in der Sekundarstufe II (Klassen elf bis dreizehn) des Gymnasiums. Die Liste der gewünschten Trennungsfächer wird angeführt von Sport (dreiviertel der Mädchen, die sich für Trennungen aussprechen, wünschen sich getrennten Sportunterricht, bei den Jungen sind es sogar achtzig Prozent), gefolgt von Physik, Biologie, Chemie, Mathe und Technik.

»Als zentrales Argument der Schülerinnen und Schüler für die Koedukation wird die Möglichkeit, sich kennenzulernen, angeführt. Bei Trennungen befürchten sie entsprechend, diese Möglichkeit zu verlieren und damit nicht mehr kontrollieren zu können, was das andere Geschlecht kann. Dieser Kontrollverlust ist gekoppelt mit der Erwartung, daß Jungen eine andere beziehungsweise die bessere Bildung erhalten würden«, schreibt Faulstich-Wieland. Eine zweite Untersuchung – in Fragestellung und Durchführung gleich, allerdings erweitert auf Unterschiede zwischen koedukativen Schulen und reinen

Mädchen- und Jungenschulen und zahlenmäßig aufgestockt auf 1700 Aufsätze – beschreibt Marianne Horstkämper, die diese Studie gemeinsam mit Hannelore Faulstich-Wieland durchführte: »Insbesondere die Jungen betonen stark, wie wichtig die Mädchen für ein gutes Klima seien. Wenn sie unter sich bleiben, fürchten Jungen Disziplinlosigkeit und Gewalt. Sie setzen großes Vertrauen in die Fähigkeiten ihrer Mitschülerinnen, die sozialen Beziehungen positiv zu gestalten. Umgekehrt schätzen die Mädchen an den Jungen den hohen Unterhaltungswert, wenn sie sich in der Schule durch ›Radau‹ und ›Fetziges‹ oder auch als ›Klassen-Clown‹ hervortun.«[99]

Diese Einschätzungen, das betont auch Marianne Horstkämper, folgen deutlich den bestehenden Geschlechtsstereotypen. Auch bei den Schülerinnen und Schülern, die eine Trennung befürworten, haben geschlechtsstereotype Rollenbilder eine herausragende Bedeutung: »Die Mädchen argumentieren vor allem aus einer Defensivhaltung heraus für einen Schonraum, in dem man sich geschützt vor Störungen, Angriffen oder auch überlegener Leistungskonkurrenz entwickeln und für den rauhen Alltag stark machen kann. (...) Sie (die Jungen, TdJ) sind ihrer Meinung nach frech, albern, spielen sich auf, drängeln sich vor, behindern konzentrierte Arbeit, ärgern und unterdrücken die Mädchen. (...) Die Jungen selbst argumentieren aus einer klaren Überlegenheitsposition für die Trennung. (...) Mädchen sind in ihren Augen ›ungeheure Petzliesen‹, Streberinnen, langweilig, pingelig, eingebildet, wollen alles besser wissen und können den Mund nicht halten, sondern erzählen brühwarm alles weiter. Sie kichern, nerven, ärgern die Jungen und weinen gleich, wenn man sie zurückärgert.

Man kann nicht vernünftig mit ihnen reden, viele Dinge können sie nicht oder machen dabei nicht mit.«[100]

Diese gegenseitigen Einschätzungen machen aber klar, wie wichtig eine Thematisierung dieses – nicht nur unterschwellig – existierenden Geschlechterkampfes in der Schule ist. Eine rigorose neuerliche Geschlechtertrennung durch die Wiedereinführung reiner Mädchen- und Jungenschulen kann sicherlich nicht dazu führen, die zementierten Klischees abzubauen. Dafür spricht auch die Beobachtung, daß die Zuordnung von Geschlechtsstereotypen in Mädchen- und Jungenschulen deutlich krasser ausfiel als in koedukativen Schulen (gleiche Untersuchung). Interaktion der Geschlechter ist ein effektives Mittel, um Vorurteile abzubauen und »sich besser kennenzulernen«.

Allerdings sprechen für mich die Ergebnisse der angeführten Untersuchungen nicht gegen die teilweise, zeitlich begrenzte und fächerdifferenzierte Trennung, im Gegenteil: Auf eine begrenzte Trennung zu verzichten, weil dadurch die Vorurteile (Mädchen sind schwächer im Unterricht etc.) geschürt würden, bedeutet doch, dieser Argumentation zu folgen oder ihr zumindest Auftrieb zu geben. Wenn wir uns nur deshalb von Geschlechtstrennungen abhalten lassen, weil sonst wieder althergebrachte, unangenehme Vorurteile zum Vorschein kommen, verzichten wird damit auch darauf, gegen diese Vorurteile anzugehen. Gerade die erfolgreichen Versuche mit gleichgeschlechtlichem Unterricht bieten die Möglichkeit, diesen Vorurteilen den Boden unter den Füßen wegzuziehen. Zudem kann diesen Vorurteilen ganz einfach die Tatsache gegenübergestellt werden, daß Mädchen faktisch und notenmäßig den Jungen ja gar nicht unterlegen sind. Es machen inzwischen sogar mehr Mädchen Abitur als Jungen. Was ihnen fehlt, ist Selbstvertrauen in die eigene Leistungsfähigkeit. Ein geschützter Raum, in dem das geschlechtsspezifische Interesse der Mädchen an dem jeweiligen Fach berücksichtigt werden kann, ist dazu der richtige Weg. Haben Mädchen erst einmal (für sich selbst) bewiesen, daß sie auch durchaus Kompetenzen in Naturwissenschaft und Technik haben, können sie dies auch »den Jungen zeigen«. Die werden dann um so besser begreifen, daß Mädchen nicht schlechter sind.

Jungen halten aus identitätsstärkeren Gründen gerne an der Mär vom schwachen Mädchen fest. Mädchen haben also vom beschränkten geschlechtsgetrennten Unterricht nichts zu befürchten, sondern können davon nur profitieren. Dieses Konzept ist in gemischten Klassen jedoch nur schwer durchführbar.

In den sechziger und siebziger Jahren ist die Koedukation mit der Begründung einer Gleichstellung von Mädchen und Jungen durchgesetzt worden, doch diese Gleichstellung vollzog sich eher formell und aus pragmatischen Gründen. So führt die Pädagogin Rita Wirrer an, daß die Kapazitätsprobleme an Gymnasien, bedingt durch den verstärkten Zustrom von Mädchen und Jungen auf die Gymnasien, durch eine Öffnung der Jungengymnasien auch für Mädchen und umgekehrt gelöst werden sollten.[101] Besonders die katholischen Schulen standen der Einführung der Koedukation zunächst abweisend gegenüber. Doch auch sie wurden, so Wirrer, bald von der »Pragmatik« erfaßt: »Sobald es um die Bestandserhaltung der Schulen ging oder die Durchführung der reformierten Oberstufe, sahen auch sie in der Koedukation das ›kleinere Übel‹.«[102] Gerade in kleineren ländlichen Gemeinden konnte nur durch die Öffnung einer gleichgeschlechtlichen Schule auch dem anderen Geschlecht eine weiterführende Bildung angeboten werden. Das heißt, »die Vielfalt des gymnasialen Angebots hat offensichtlich Vorrang vor der Geschlechtsdifferenzierung«.[103] Dieser pragmatische Ansatz begünstigte eine unreflektierte Einführung der Koedukation beziehungsweise – wie inzwischen vielfach erkannt wird – einer reinen Koinstruktion. Lehrinhalte wurden nicht auf ihre Verträglichkeit für einen Unterricht für beide Geschlechter untersucht, sondern überwiegend übernommen.

Das Selbstbewußtsein stärken

Weitgehende Übereinstimmung in Forschung und Diskussion besteht in der Erkenntnis der Notwendigkeit, das Selbstbewußtsein von Mädchen zu stärken. Nur eine selbstbewußte Persönlichkeit hat den Mut und die Kraft, sich gegen Benachteiligung zur Wehr zu setzen und damit in Eigenverantwortlichkeit ihren Weg zu gehen. Um sich so entwickeln zu können, brauchen Mädchen Unterstützung, damit sie nicht in die Gräben unserer Gesellschaft fallen oder gegen die unsichtbare Wand rennen und dabei zu Schaden kommen. Die ursprüngliche Stärke der Mädchen über die Pubertät, über die Schwelle zu treten und dort dann auszubauen, das ist nach Debold, Malavé und Wilson eine der vordringlichsten Aufgaben, die Mütter von Töchtern haben. Um diese Aufgabe erfüllen zu können, ist es notwendig, daß sich die Mütter ihrer eigenen Kraft aus jungen Mädchentagen erinnern. Das können sie nur, wenn sie sich auf ihre Töchter einlassen und von ihnen lernen. Eine Freundin erzählte mir von ihrer Nichte. Dieses vierzehnjährige Mädchen hätte soviel Mut, »Power« und Begeisterung, daß sich meine Freundin dagegen schwach und alt vorkomme. Immer wenn sie mit ihrer Nichte zusammen ist, grübelt meine Freundin, wo denn ihre eigene Stärke geblieben ist. »Es fällt mir sogar schwer, mich an meine eigene ›starke‹ Zeit zu erinnern. Manchmal glaube ich, daß ich niemals so stark wie meine Nichte war. Aber in letzter Zeit fallen mir immer häufiger vergessen geglaubte Situationen ein, in denen ich mich selbst als starkes Mädchen wiedererlebe.« Und – meine Freundin ist selbst darüber erstaunt – diese Erinnerungen stärken sie in der Gegenwart. »Es ist so das Gefühl, als ob ich mich auf einmal wieder an mich selbst erinnere, an mich selbst, so wie ich wirklich bin.« Hat dieser Prozeß der Erinnerung erst einmal eingesetzt, werden auch die Hindernisse wieder entdeckt, die vor langer Zeit dazu geführt haben, die eigene Stärke zu verlieren beziehungsweise zu vergraben.

Einen solchen Prozeß der »Wiedererstarkung« können auch Mütter durchlaufen und dann darauf achten, daß ihre Tochter ihre natürliche Stärke erst gar nicht verliert. Das bedeutet aber auch, sich auf einen Kampf einzulassen, und dafür brauchen die Mütter den wiedererlangten Mut. Mädchen werden durch subtile Benachteiligungsmechanismen und Rollenerwartungen gezwungen, ihre Stärke abzulegen, weil sie oft nur so als Frau anerkannt werden. Ich erinnere mich noch an den »gutgemeinten« Hinweis einer gleichaltrigen Freundin (ich war damals schon Anfang Zwanzig), ich solle bei meinen Rendezvous nicht immer so gescheit daherreden, »denn Männer mögen es nicht, wenn Frauen klüger sind als sie selbst«.

Dieser Ratschlag ist symptomatisch für das System in unserer Gesellschaft, in dem Mädchen lernen, ihr Licht unter den Scheffel zu stellen, um nicht unangenehm aufzufallen. Diese uralten Verhaltensweisen schon in der Pubertät zu durchbrechen, das gelingt besser mit Unterstützung der Mütter. Gerade in der Schule geraten Mädchen immer wieder in Situationen, in denen von ihnen erwartet wird, daß sie sich unterordnen. Welch einen Fortschritt würde es hingegen bedeuten, wenn schon in der Schule begonnen würde, Mädchen in ihrem Selbstbewußtsein zu stärken und aufzubauen. Das könnte enorme Veränderungen bewirken. Auf diesem Gebiet herrscht an den meisten Schulen wenig Problembewußtsein, aber die verkrusteten und eingefahrenen Wege werden schon von einigen verlassen, und hier und da werden neue Wege beschritten. Einige dieser Möglichkeiten, Mädchen zu bestärken, möchte ich vorstellen.

Wendo und Selbstverteidigung

Mädchen sehen sich nicht gerne in der Opferrolle. Gerne würden sie zurückschlagen. Aber meist trauen sie sich das einfach nicht. Die Opferrolle der Mädchen/Frauen rührt daher, daß sie es in der Mehrzahl nicht gelernt haben, sich aktiv gegen Angreifer zu verteidigen. Schon von kleinen Mädchen wird damenhaftes Verhalten erwünscht. Insofern wachsen Mädchen zwangsläufig in ihre Opferrolle hinein, denn wer sich zur Not nicht auf eine körperliche Auseinandersetzung einlassen kann, fühlt sich auch eher bedroht. Dieses innere Gefühl der Bedrohung und Angst spiegelt sich in Körpersprache und Verhalten wider, das einem Angreifer signalisiert: Hier ist ein potentielles Opfer, das nicht viel Widerstand leisten wird. In bedrohlichen Situationen kann es oft auf die eigene Ausstrahlung ankommen, um einen möglichen Angreifer, der sich vielleicht noch unschlüssig ist, von seinem Vorhaben abzubringen.

In diesem Zusammenhang erinnere ich mich an eine Geschichte, die mir selbst einmal passiert ist. Ich war während meines Studiums in Los Angeles nach einem Konzertbesuch (es war so gegen zwei Uhr nachts) in falscher Richtung auf den Freeway aufgefahren. Bei der nächsten Ausfahrt fuhr ich also ab, um zurückzufahren. Doch auf der Abfahrt platzte mein Hinterreifen, und an eine Weiterfahrt war nicht zu denken. Leider war ich mitten in einer Gegend, die schon tagsüber nicht ganz sicher war, geschweige denn nachts. An einer Tankstelle bat ich den Tankwart, mir behilflich zu sein. Der saß jedoch in seinem hermetisch abgeriegelten Häuschen aus Panzerglas und weigerte sich herauszukommen. Um die Ecke sah ich ein offenes Telefon stehen. Kaum war ich dort angelangt, bog ein Zuhältertyp mit seinem dicken »Pimpmobil« um die Ecke, ließ die Scheiben herunter und fragte mit säuselnder Stimme: »Kann ich dir helfen, Süße?« Mir krampfte sich alles zusammen, und ich fühlte mich, als sei ich im falschen Film. Trotz meiner Furcht schleuderte ich ihm – so selbstbewußt wie irgend möglich – entgegen, er könne mir gestohlen bleiben, ich hätte seine Hilfe nicht nötig. Mit laufendem Motor, halb aus seinem Wagen hängend, kam er immer näher und redete auf mich ein, daß er mir ja nur helfen wolle.

Zu allem Überfluß war das Telefon kaputt. Ich war diesem Typen ausgeliefert, denn vom Tankwart war keine

Hilfe zu erwarten. Und um mich herum nur dunkle Nacht. In mir stieg Panik auf. Nie hätte ich es für möglich gehalten, jemals in eine solche Situation zu geraten. Um den Typen von mir abzubringen und um Zeit zu gewinnen, führte ich ein fingiertes Telefongespräch mit meinem Freund. Ich erzählte ihm, wo ich war, und gab die Autonummer von dem Zuhälterauto an. Ich wiederholte ganz laut: »Gut, dann bist du also gleich da, gib mir doch noch eben deine Mutter, ich muß sie noch etwas fragen.« Der Typ kam immer näher, und ich redete mit finsterer Miene munter in das tote Telefon, wobei ich ihn keine Sekunde aus den Augen ließ. In mir flatterte alles.

Zum Glück kam just in dem Moment, als der Typ ausstieg und auf mich zukam, ein anderes Auto mit einem Pärchen an die Tankstelle. So schnell ich konnte, rannte ich darauf zu und bat die Leute, mir zu helfen. Der Zuhältertyp verzog sich wieder in seinen Camaro und wartete in sicherer Entfernung (noch immer mit laufendem Motor) auf den Ausgang der Dinge. Als er sah, daß ich einen Ersatzreifen im Kofferraum hatte und der Mann mir half, zog er ab.

Wäre ich nur etwas zögerlich gewesen, oder – noch schlimmer – hätte ich nach außen ängstlich gewirkt, hätte der Mann sofort zugegriffen. Für mich steht fest, daß ich ihn mit nach außen demonstrierter Stärke so lange von mir ferngehalten habe, bis Hilfe in Sicht war. Wie lange ich diese Situation noch ausgehalten hätte, kann ich nicht sagen, aber immerhin habe ich sicherlich zehn Minuten lang verhindert, daß er mich angriff.

Die Lehrerin Christa Wanzeck-Sielert (auch dieser Name ist nicht geändert) bot im Rahmen einer Projektwoche einen Selbstverteidigungs- und Selbstbehauptungskurs für Mädchen an. Sie hatte die Beobachtung gemacht, daß Mädchen, die in einer behüteten Umgebung aufwachsen, kein Lernfeld für den Umgang mit Aggression und Gegenwehr haben. Dementsprechend fühlen sich Mädchen bei Angriffen unsicher, wehrlos und verletzlich. Überdies war ihr aufgefallen, daß die meisten Mädchen im Unterricht nur mit leiser Stimme sprachen, so als hätten sie Angst, wirklich gehört zu werden. In dem Selbstverteidigungskurs sollten die Mädchen ihre eigene Kraft entdecken und lernen, wie sie ihre Stärke einsetzen können – wenn nötig auch durch Zuschlagen. Im Handbuch des Boston's Women Health Collective ist dazu nachzulesen: »Die körperliche und geistige Einheit, die wir aus körperlicher Bewegung und einem Selbstverteidigungstraining gewinnen, lehrt uns nicht nur das (wie wir uns selbst schützen können, TdJ), sondern gibt auch zusätzliches Bewußtsein in allen Bereichen des Lebens. Wir bemerken zum Beispiel, daß wir viel entschlossener und selbstbewußter für unsere Gefühle und Gedanken eintreten können, wenn wir wissen, daß wir körperlich nicht herumgestoßen werden können. (...) Je selbstbewußter wir uns also verhalten, je weniger Angst wir haben, desto geringer ist die Gefahr, überhaupt angegriffen zu werden.«[104]

Es ging der Lehrerin nicht darum, jede Situation als grundsätzlich bedrohlich zu definieren und Mädchen im Sinne einer falsch verstandenen Vorwärtsverteidigung zum sofortigen Zuschlagen zu verleiten, sondern: »Allein die spürbare Selbstbewußtheit kann einen Angreifer verunsichern und den Konflikt abwenden. Darüber hinaus können vielfältige eindeutig verbale Reaktionen eine körperliche Auseinandersetzung unnötig machen, aber genau das wird unter anderem auch durch das Wissen um die körperliche Wehrhaftigkeit gefördert.«[105]

Christa Wanzeck-Sielert entschied sich für ein Wendo-Training. In den achtziger Jahren wurde Wendo (zusammengesetzt aus Women und dem japanischen Wort do – der Weg –, also der Weg der Frauen) in Kanada als ein spezielles Selbstverteidigungstraining für Frauen entwikkelt. Grundlegender Gedanke dabei ist, nicht im Opferverhalten zu verharren.

Die Selbstverteidigungs-AG für Mädchen fand riesigen Anklang in der Schule und war in kürzester Zeit ausgebucht. Offensichtlich hatte die Lehrerin ihre Schülerinnen richtig eingeschätzt und erkannt, daß dieses Thema für die dreizehn- bis siebzehnjährigen Mädchen von großer Bedeutung ist. Der Kurs konnte unentgeltlich durchgeführt werden, weil die Wendo-Trainerin Mitarbeiterin in einem Jugendzentrum war und die Arbeitszeit von ihrem Arbeitgeber angerechnet bekam.

Gleich zu Beginn der Veranstaltung forderte die Trainerin die Mädchen auf, ein zwei Zentimeter dickes Fichtenholz mit der bloßen Hand durchzuschlagen. Wenn auch zunächst sehr zögerlich und zurückhaltend, trauten sich nach und nach alle Mädchen – und schafften es auch! Das war ein enormes Erfolgserlebnis für die Mädchen, die anschließend mit leuchtenden Augen ihre Erfahrungen austauschten. Zunächst war die Lehrerin zwar verwundert über diesen rasanten Anfang, später wurde ihr jedoch klar, was diese Leistung für die Mädchen bedeutete: »Da von Mädchen solche Tätigkeiten nicht erwartet und ihnen nicht einmal zugetraut werden, müssen sie zunächst eine Barriere überwinden... (Dadurch, TdJ) spüren Mädchen ganz deutlich ihre Kraft. Das Durchschlagen geschieht nicht lautlos, die meisten Mädchen geben dabei einen zum Teil recht lauten Ton von sich. Auch damit haben Mädchen selten Erfahrung sammeln können beziehungsweise dürfen. Die Mädchen lernten, alle Energie auf das Durchschlagen des Bretts zu konzentrieren. Die Mädchen zeigten Mut und trauten sich etwas zu, was sie selbst von sich zunächst nicht erwartet hätten. Zu spüren, welche Kraft in ihnen steckt, war für die Mädchen neu und aufregend zugleich.«[106]

In den beiden folgenden Tagen lernten die Mädchen, welche Stimmlagen und welche Körperhaltung am effektivsten sind, um gehört zu werden. Im Kampf gegeneinander bauten sie Hemmungen und Ängste ab, die Mädchen vor dem Schlagen und Geschlagenwerden haben. Dabei zeigte sich, daß die meisten zunächst große Schwierigkeiten hatten, aktiv zu kämpfen. Nur einige hatten keine Angst, sich körperlich auseinanderzusetzen. Durch ihr Beispiel fühlten sich die andern ermutigt, es auch zu probieren. Im Verlauf des Kampfes, so schildert Wanzeck-Sielert, wurden die Mädchen zunehmend mutiger, stärker und forscher.

Erst als die Gruppe ihre anfängliche Scheu vor dem körperlichen Kampf abgebaut hatte, brachte ihr die Trainerin bestimmte Selbstverteidigungsgriffe bei. Anhand von selbst erlebten, konkreten Situationen wurde der gesamte Ablauf einer Geschichte nochmals nachgespielt. Unter Anleitung der Trainerin erfuhren sie nun, wie sie sich am besten schützen konnten. Dabei wurde mit wechselnden Rollen gearbeitet. Die Mädchen spielten sowohl Angreifer als auch Verteidiger. Durch Wiederholungen der Rollenspiele wurden sie im Umgang mit den Angriffen immer sicherer und selbstbewußter. Wichtig war zu sehen, daß jedes Mädchen seine ganz individuelle Abwehrstrategie entwickeln mußte – vom Tonfall über die richtige Körperhaltung bis hin zu konkreten Selbstverteidigungsgriffen.

Im Handbuch für Frauen des Bosten Women's Health Book Collective heißt es dazu: »Welche Form der Gegenwehr dir auch immer geeignet erscheint, tu es mit einem lauten Schrei, nicht mit einem Hilfeschrei, sondern mit einem lauten, markerschütternden Kampfschrei. Das wird dich psychisch stärken und den Angreifer erschrekken, ihn aus der Fassung bringen und so deine Fluchtchancen erhöhen. Hast du dich einmal aus seinem Griff befreit, steh nicht herum, um zu sehen, wie es ihm geht. Lauf, so schnell du kannst. Wenn du zu Hause bist, ruf Freunde an, damit sie dir helfen, oder aber die Polizei.«[107]

Durch diesen Selbstverteidigungskurs sollte Mädchen vermittelt werden, daß sie Verantwortung für sich und ihre Sicherheit übernehmen können. Christa Wanzeck-Sielert folgert aus diesem erfolgreichen Projekt: »Die Schule kann sich diesem Problem nicht länger entziehen. Die Situation der Mädchen und Jungen muß in der Schule thematisiert werden. (...) Zunächst muß jedoch eine Auseinandersetzung im Lehrerkollegium stattfinden. Lehrerinnen und Lehrer sollten sich erst einmal selbst mit der Thematik (der gesamten Benachteiligung von Mädchen in der Schule, TdJ) vertraut machen. Solange Mädchen erleben, daß ihre Lehrerin leise spricht und Auseinandersetzungen nicht wagt oder nicht einmal laut und deutlich wird, werden Schülerinnen darin auch nicht ermutigt.«

Ein anderes wichtiges Erlebnis für Mädchen kann die Erfahrung der gemeinsamen Stärke sein. In einer reinen Mädchengruppe können sie viel ungestörter und ehrlicher über heikle Themen sprechen als zusammen mit Jungen. Von besonderer Bedeutung sind dabei nicht nur spezielle Mädchen- beziehungsweise Frauenthemen wie Menstruation, Kinderkriegen etc., sondern eigentlich bieten sich alle Themen an, von einem frauenfreundlichen Blickwinkel aus besprochen zu werden. Für Mädchen in der Pubertät ist es ganz wichtig zu erleben, wieviel Spaß eine gemeinsame Runde »nur« mit Mädchen machen kann und daß es nicht immer unbedingt nötig ist, Jungen dabeizuhaben – so als würde allein durch die Anwesenheit von Jungen eine Gruppe aufgewertet. Hinter einer solchen (leider, gerade auch bei Mädchen, oft noch sehr verbreiteten) Sicht verbirgt sich im Grunde eine tiefe Mißachtung von Mädchen beziehungsweise Frauen, und es spiegelt sich ein recht desolates Selbstwertgefühl wider. Wenn eine Gruppe ohne Jungen keine Anziehungskraft hat, weil ohne Jungen der »Spaß« fehlt, sagt das auch etwas über unsere Gesellschaft. Die gesellschaftlich unterstützte Ausrichtung auf den Jungen beziehungsweise Mann als Retter aus Langeweile und Trübsinn führt zu einem Verkennen der eigenen Stärke, Kraft und nicht zuletzt auch des eigenen Humors. Mädchen verinnerlichen so schon früh das System unserer Gesellschaft, das von der Maxime ausgeht: »Ohne Männer läuft nichts.« Das Gefühl von Stärke, Kraft und Selbstwert zu stärken oder zurückzugewinnen geht am besten, indem sich Mädchen beziehungsweise Frauen zusammentun und sich gemeinsam auf die ihnen innewohnenden Reserven besinnen. Das heißt nicht, daß Mädchen nicht auch mit Jungen zusammensein können; auch das ist ein wesentlicher Lernprozeß in der Pubertät – das Verhältnis zu den Jungen beziehungsweise Männern neu zu definieren. Aber dieses Vortasten auf unbekanntes Terrain geht leichter und besser, wenn es von einem Wissen um die eigenen Stärken begleitet wird. Mädchen müssen sich nicht selbst aufgeben und alle bisherigen Werte über den Haufen werfen, nur weil plötzlich Jungen angesagt sind. Mädchen sollten wissen, daß sie, um erwachsen zu werden, nicht ihre Mädchenfreundschaften vergessen müssen. Im Gegenteil, gerade durch den Zusammenhalt einer freundschaftlichen Mädchengruppe können viele Ängste und Sorgen, die mit dem Eintritt in die Welt der Erwachsenen verbunden sind, relativiert und erleichtert werden.

Einer der Hauptgründe, warum es Frauen noch immer so schwerfällt, sich in der männlichen Welt des Berufs wirklich durchzusetzen, liegt an ihrer Isolation. Männer haben ihre festgefügten Männerzirkel, die sie eifersüchtig überwachen und vor dem Zugang von Frauen schützen. Wenn es um die Neubesetzung einer Stelle geht, haben die Männer unter sich längst ausgekungelt, wer dafür in Frage kommt. Gelingt es einer Frau trotz allem einmal, bis an die Spitze vorzudringen, heißt es meist, sie habe diese Ehre nur dem Wohlwollen eines Mannes zu verdanken. Der Gipfel ist dann oft noch, daß gemunkelt wird, die Frau habe sich diese Stelle im Schlafzimmer ihres Wohltäters erworben. Diese böswilligen Vermutungen werden sogar – und mit besonderer Vorliebe – von anderen Frauen verbreitet. Männer leisten diesen Grabenkämpfen der Frauen untereinander mit Genugtuung Vorschub.

Das Wort von den »Katzen, die sich gegenseitig nicht den süßen Brei gönnen und sich die Augen auskratzen«, macht die Runde. Etwas Besseres kann Männern gar nicht passieren, um ihre Vormachtstellung zu festigen. Zu allem Überfluß machen sich viele Frauen an der Spitze die Denkweise der Männer (noch mehr als bisher) zu eigen und versuchen Männer in Härte und Unnachgiebigkeit zu überbieten. Vielmals geschieht dies in der Angst, sonst nicht anerkannt zu werden beziehungsweise als »typische Frau« (sprich: inkompetent) verschrien zu werden.

»Isolation ist eines der wirksamsten Mittel der Unterdrückung. Das Patriarchat setzt dieses Mittel bewußt ein, indem es Frauen durch Scham, Erschöpfung und Angst vor Wahnsinn und Unvollkommenheit voneinander trennt. Die inneren Grenzen, die bei der Kollision mit der Wand entstehen, spalten Frauen in Gruppen, die verschiedenen angeblich erfolgversprechenden Idealen anhängen – dem der perfekten Frau, Ehefrau und Mutter, und dem des trügerischen ›Mädchen sind wie Jungs‹«, schreiben Debold, Malavé und Wilson.

Was gebraucht wird, ist eine Solidarität der Frauen untereinander. Sie müssen eigene Netzwerke schaffen, die ganz bewußt Frauen fördern. Ältere, erfahrene Frauen können so den jüngeren Frauen helfen weiterzukommen. Ich höre schon, wie die Männer an dieser Stelle in schallendes Gelächter ausbrechen und ironisch »viel Glück« rufen. Doch ganz so viel Grund zum Lachen haben die Männer nicht mehr. Und das haben sie auch schon zähneknirschend erkannt, wie Susan Faludi in ihrem Buch *Die Männer schlagen zurück* eindrucksvoll schildert. Um so heftiger bemühen sich Männer, einen Keil zwischen die Frauen zu treiben. Auch damit dies nicht gelingt, ist es wichtig, schon Mädchen die Mechanismen des Patriarchats zu erklären, damit sie die Gefahren einer übermäßigen Ausrichtung auf das männliche Geschlecht erkennen und verstehen lernen. Mädchen, die begreifen, daß sie nicht von Jungen beziehungsweise Männern abhängig sein müssen, daß gerade eine gemeinsame Handlungsstrategie ohne Konkurrenz um die Gunst der Jungen sie letztendlich weiterbringt, können einander auch im Unterricht beistehen, wenn sie durch Jungen oder Lehrer und Lehrerinnen benachteiligt werden.

Ein eindrucksvolles Beispiel, wie so etwas aussieht, habe ich in einer achten Klasse erlebt. Martina tat sich schwer, die Matheaufgaben zu lösen, die ihr ihre Lehrerin gestellt hatte. Nachdem sie einige Lösungsversuche angeboten hatte, die aber alle nicht richtig waren, dachte sie laut nach, um doch noch zu einer richtigen Antwort zu kommen. Das dauerte recht lange und war von vielen »ähs« und »nee, doch nichts« begleitet. Der Lehrerin ging dabei offenbar die Geduld aus, denn sie nahm einfach einen Jungen dran, der die Lösung gerade sagen wollte, als Meike für Martina in die Bresche sprang und laut in den Raum rief: »Frau Hilden, das können Sie doch nicht machen, Martina war doch dran, da können Sie doch nicht einfach einen Jungen drannehmen.« Frau Hilden sah ihren Fauxpas sofort ein, denn sie hatte selbst an einem Fortbildungslehrgang zur Förderung von Mädchen in Naturwissenschaften teilgenommen, entschuldigte sich bei Martina und gab ihr die Möglichkeit, die Aufgabe zu lösen.

Diese Situation zeigt zweierlei. Einmal, daß sogar eine für die Thematik sensibilisierte Lehrerin, zudem wohl wissend, worauf es mir bei der Unterrichtsbeobachtung ankam, trotzdem (ganz unbewußt) in die »Geschlechterfalle« lief. Und zweitens, daß ein mutiges Füreinandereinspringen hilft, die Situation zu bessern. Sicherlich hatten sowohl Meike als auch Martina Glück, daß ihre Lehrerin sofort verstand, worum es ging. Eine andere Lehrkraft hätte vielleicht anders reagiert und Meike zurechtgewiesen. Allerdings gilt auch hier: »Ein steter Tropfen höhlt den Stein.« Wenn jedesmal ein Mädchen auf die Benachteiligung eines anderen Mädchen aufmerksam macht, wenn dieses nicht alleine für seine Rechte sorgen kann, sind Veränderungen möglich.

Mütter können und sollen ihren Töchtern in dieser Beziehung Vorbild sein, wie die Autorinnen Debold, Malavé und Wilson betonen. Um ihre eigenen Interessen und die ihrer Töchter zu vertreten, sollten sie sich in Gruppen zusammenschließen. In diese Frauengemeinschaften können Mädchen aufgenommen werden und lernen, was eine starke Gemeinschaft von gleichgesinnten Frauen zu leisten vermag. »Nur die gemeinsame Anstrengung von Müttern und Mitmüttern (Frauen, die – ähnlich wie Patinnen – eine enge Beziehung mit Mädchen pflegen und ihnen mit Rat und Tat zur Seite stehen, TdJ) kann das ›Leben, wie es nun einmal ist‹, als Konstrukt entlarven und die moralische Entrüstung hervorbringen, mit der wir dann fordern, daß Mädchen frei und sicher leben können. Der erste Schritt heißt für alle Frauen, sich mit den Müttern zu verbünden und sich an der Mutterrolle zu beteiligen. Um der nächsten Generation willen müssen Frauen in Kontakt bleiben und konkurrenzfreie Wege der Zusammenarbeit finden, während sie gleichzeitig ihre Unterschiede achten und beibehalten. (...) Eine solidarische Frauengruppe durchkreuzt die Trennlinien, die durch die Wand entstanden sind, und zeigt radikale Perspektiven auf.«[108] Bestehende Frauenorganisationen sollten dieses Anliegen ausdrücklicher aufnehmen und sich dafür einsetzen.

Inzwischen gibt es einige Beispiele dafür, wie sich Frauen für die Stärken der Mädchen einsetzen und sie an ein Gefühl der Gemeinschaft heranführen. In einigen Schulen bilden engagierte Lehrerinnen Mädchengruppen, die sich außerhalb des Unterrichts treffen und in denen Mädchen über das sprechen können, was sie interessiert und bedrückt. Die Lehrerin Christel Kottmann-Mentz (Name nicht verändert) hatte an einer Fortbildungsveranstaltung des Pädagogischen Instituts Berlin »Gewalt gegen Mädchen« teilgenommen und berichtet, welche Erfahrungen sie bei der Umsetzung des Projekts in der Praxis gewonnen hat.

Nachdem sie gute Erfahrungen mit getrenntgeschlechtlichem Sexualkundeunterricht in einer sechsten Klasse gemacht hatte, beschloß sie, für die Mädchen, die den getrennten Unterricht sehr genossen hatten, eine Mädchengruppe einzurichten, die sich jeden Montag zwei Stunden lang bis drei Uhr nachmittags traf. Die ebenfalls zunächst gegründete Jungengruppe scheiterte an der Kooperationslosigkeit eines Jungen, der die ganze Gruppe so »aufmischte«, daß die Lehrerin die Lust verlor, die Gruppe weiterzuführen. Leider zeigte auch kein Kollege Ambitionen, die Jungengruppe weiterzuführen.

Zu Beginn der Mädchengruppe, die multikulturell besetzt ist – drei deutsche Mädchen, zwei türkische, eine Italienerin, drei Bosnierinnen –, setzen sich alle gemeinsam an einen schön gedeckten Tisch, trinken Tee und essen gemütlich. Diese halbe Stunde, die dafür angesetzt ist, kommt so gut an, daß die Mädchen diese angenehme Situation verlängern möchten. Gemeinsam haben die Mädchen eine Liste von Aktivitäten und Themen für die Mädchengruppe erstellt. Die breitgefächerte Palette reicht vom miteinander Kochen über Bewegungsspiele, Selbstbehauptungstraining, Nein-sagen-Training bis hin zu Discobesuchen, um neue Jungen kennenzulernen.

Christel Kottmann-Mentz: »Angefangen haben wir mit dem Spielen von Mädchensituationen in der Familie. (...) Die Konfliktsituationen, die die Mädchen spielen, haben zunächst noch etwas von ›Theaterspiel‹. Wir besprechen nach dem Spiel zunächst in der Runde, was die Spielerinnen wollten, wie sie sich gefühlt haben, ob sie im Spiel schon das ausgedrückt haben, was sie besonders beschäftigt. Dabei kommen wir immer näher an die eigentliche konflikthafte Situation heran; zum Beispiel, ein Mädchen trifft sich mit einem Jungen. Sie mag ihn. Der Junge bedrängt sie, mit ihm zu schlafen. Das Mädchen will nicht.

»Mich berührt es, zu erleben, was die Mädchen tatsächlich empfinden. Ich freue mich sehr über das Vertrauen, mit dem sie sich vor mir zeigen. Die Arbeit, die ich gar nicht als solche empfinde, macht mir viel Spaß. Das Zusammengehörigkeitsgefühl ist unterschiedlich. Jedenfalls sind die Konflikte zwischen den Mädchen während der Mädchengruppe fast vollständig draußen. Als Hilfe für die Gestaltung benutze ich verschiedene Spielesammlungen und natürlich Musik. Das ist nicht ganz leicht, weil die Mädchen von der Meditations- und klassischen Musik nicht besonders begeistert sind, sich aber langsam daran gewöhnen.«[109]

Wie das Beispiel von Christel Kottmann-Mentz zeigt, ist es zunächst nötig, daß Lehrerinnen sich erst einmal im

Rahmen von Fortbildungsveranstaltungen mit ihrer eigenen Situation und ihrem geschlechtsrollenspezifischen Verhalten auseinandersetzen. Das Berliner Projekt »Gewalt gegen Mädchen« vermittelt theoretisches Grundlagenwissen unter Einbeziehung konkret erlebter Erfahrungsberichte der Lehrer und Lehrerinnen.[110] Diese Vorgehensweise sensibilisierte die Teilnehmer und Teilnehmerinnen für die Situation von Mädchen und Jungen und konnte darüber hinaus spezielle Möglichkeiten aufzeigen, wie Mädchen gestärkt werden können, unter anderem auch unter Berücksichtigung der Bedeutung von Mädchenfreundschaften. Das hieß konkret, daß sich die Lehrerinnen selbst erst einmal bewußt wurden, wie wertvoll Mädchenfreundschaften sind. Dies wurde erreicht, indem sich die Lehrerinnen auf eine Phantasiereise in ihre eigene Vergangenheit begaben und dort wieder alten Freundinnen und anderen für sie wichtigen Frauen gegenübertraten. Diese Selbstreflexion wurde gefolgt von einer Auseinandersetzung mit der gesellschaftlichen und schließlich auch selbstverinnerlichten Abwertung von Mädchen und Mädchenfreundschaften.

Aufgearbeitet wurde auch das Selbstverständnis der Lehrerinnen in ihrem Beruf. Gestützt auf die Arbeit von Karin Flaake, die das unterschiedliche Verständnis von Lehrerinnen und Lehrern in ihrem Beruf untersucht hat, konnten Lehrerinnen das Gefühl, »für alles« verantwortlich zu sein (ein gutes Klassenklima, Konsequenzen, die aus schlechten Noten resultieren), besser relativieren. Lehrer beziehen Mißerfolge auf Situationen, die außerhalb ihrer eigenen Person liegen. Lehrerinnen hingegen erleben Mißerfolg als eigenes Versagen. »Lehrerinnen müssen immer wieder Grenzen setzen gegen die Tendenz, sich zu stark einzulassen, müssen immer wieder eine Balance zwischen Nähe und Distanz zu den Schülerinnen und Schülern herstellen, die eine für sie befriedigende Unterrichtsgestaltung noch zuläßt, aber sie vor Überforderung schützt.«[111]

Die Arbeit an den eigenen Rollenbildern bietet die Möglichkeit zu erkennen, daß die »Probleme« und Grenzen, vor die sie als erwachsene Frauen stoßen, im Grunde nicht viel anders sind als die der Mädchen. Diese Erkenntnis kann zu einer generationsübergreifenden Solidarität führen, die notwenig ist, um das bestehende gesellschaftlich sanktionierte System der Mädchen- beziehungsweise Frauenbenachteiligung zu ändern.

Mädchen sind nicht wie Jungen: der geschlechtssensible Ansatz

Häufig versuchen Mädchen, sich den anstehenden Problemen der eigenen Geschlechtsidentitätsfindung zu entziehen, indem sie den »Mädchen sind wie Jungen«-Ausweg suchen. Darin unterstützt werden sie in vieler Hinsicht durch die Strömung in der Pädagogik, die sich auch heute noch zum Teil als fortschrittlich einstuft, wenn sie empfiehlt, Mädchen und Jungen genau gleich zu behandeln. Diese in den siebziger Jahren mit großem Enthusiasmus verfochtene Einstellung, die bis heute in vielen Köpfen (von Eltern sowie Lehrern und Lehrerinnen) fest verankert ist, hat aber eine unangenehme Konsequenz: Um genausogut wie ein Mann zu sein, müßte sich die Frau wie ein Mann verhalten. Das bedeutet eine Abwertung des Weiblichen, das nur durch eine Anpassung an männliche

Werte und Verhaltensweisen »emporgehoben« werden kann, um so auch der Früchte des Patriarchats teilhaftig werden zu können. »Die konventionelle Weiblichkeit... ist einer der ausgetretenen Pfade ins Patriarchat... In der neuesten Strömung des Feminismus versuchen besonders weiße Mittelschicht-Eltern, diesen Pfad zu umgehen, indem sie eine geschlechtsneutrale Erziehung praktizieren. Trotz guter Absichten wird daraus häufig eine Anpassung an männliche Normen, und die Mädchen beschreiten den Weg des geringsten Widerstandes. Väter, die in diesem Ansatz gefangen sind, bestehen darauf, daß ihre Töchter alles tun können – und vielleicht sollen –, was Jungen tun. Stillschweigend gehen sie von männlichen Modellen des Handelns und des Lebens aus, ohne zu erkennen, was das ihre Töchter kostet – Verrat an sich selbst und an ihrem Kontakt zu Frauen. Wenn Mädchen scheinbar gleich behandelt werden, indem man sie behandelt, als seien sie Jungen, fördert diese Haltung die männliche Vorherrschaft. Außerdem werden Mädchen in der Regel nicht wirklich wie Jungen behandelt.«[112]

Bei einem geschlechtsneutralen Ansatz wird davon ausgegangen, daß Gleichberechtigung gleichgesetzt wird mit der völligen Gleichheit der Geschlechter. Das bedeutet aber auch, daß Geschlechtsunterschiede nicht berücksichtigt, ja sogar verneint werden. Der geschlechtssensible Ansatz hingegen bezieht die real existierenden Unterschiede der Geschlechter mit ein, ohne allerdings die Zugehörigkeit zu einem Geschlecht mit einer unterschiedlichen Wertung zu verbinden. Also: Frau und Mann sind gleich viel wert – aber sie sind nicht gleich. So können individuelle und kollektive Unterschiede, aber auch die unterschiedlichen Anschauungen und Erfahrungen von Mädchen und Frauen sowie die von Jungen und Männern berücksichtigt werden.[113]

Was bedeutet all dies auf die Arbeit in der Schule bezogen? Auf der Grundlage eines geschlechtssensiblen Ansatzes ergeben sich folgende Konsequenzen:

1. Wir sollten nicht länger so tun, als würde sich durch eine oberflächliche Gleichbehandlung von Mädchen und Jungen eine tatsächliche Gleichheit – quasi von selbst – einstellen. Das Gegenteil ist der Fall. »Die Leugnung der Unterschiede stabilisiert diese, da dann konkrete Handlungsveränderungen nicht als notwenig erscheinen«, erkannte Ilse Brehmer, Leiterin eines Schulversuches zur Erweiterung der sozialen Fähigkeit von Mädchen und Jungen.[114] Eine Befragung durch Fragebogen und Interviews brachte an den Tag, daß Mädchen und Jungen auf allgemeine Fragen hin die Existenz von Geschlechtsunterschieden leugneten, »...jedoch wenn es um konkrete Situationen in der schulischen Interaktion ging, wurde an konkreten Fällen spezifisches Mädchen- und Jungenverhalten beschrieben und dies dann auch generalisierend für die jeweilige Geschlechtergruppe benannt. Zwischen der erwünschten Fiktion der Gleichheit der Geschlechter und der konkreten Erfahrung bildete sich so eine Diskrepanz ab.«[115] Diese Erfahrung wurde auch auf Informationsveranstaltungen für die Eltern gemacht. Viele Eltern vertraten die Fiktion der Gleichheit und sahen keine Unterschiede zwischen Mädchen und Jungen. Andere hielten die Unterschiede für biologisch festgelegt oder durch frühkindliche Erfahrungen für immer festbetoniert. Obwohl diese Auffassungen von zum Teil völlig unterschiedlichen Perspektiven ausge-

hen, so leugnen sie doch übereinstimmend den Bedarf an Veränderung. Ilse Brehmer betont die große Notwendigkeit zur Information und Diskussion.

2. Die unterschiedlichen Erfahrungen und Lebenssituationen von Mädchen beziehungsweise Frauen und Jungen beziehungsweise Männern müssen auch in der Unterrichtsgestaltung berücksichtigt werden. Vorrangige Ziele des genannten Schulversuchs waren deshalb, eine Stärkung der Durchsetzungskraft von Mädchen zu erreichen und gleichzeitig soziales Verhalten und Konzentrationsfähigkeit von Jungen zu entwickeln. Ansatzpunkt sind also beide Geschlechter. Das ist wichtig und neu, denn in den meisten bisherigen Modellversuchen standen nur bessere Fördermaßnahmen für Mädchen (meist in den Naturwissenschaften) auf dem Stundenplan. Ohne allerdings auf die Defizite von Jungen einzugehen, können selbst die besten Mädchenförderpläne nur bedingten Erfolg bringen. Hilke Emig, die beim Bremer Senat einen Arbeitskreis Koedukation eingerichtet hat, sieht eine Veränderung der Geschlechterverhältnisse nicht zuletzt an eine Neudefinition der Jungen- und Männerrolle gebunden. Deshalb laufen in Bremen zur Zeit Bemühungen, Jungenarbeit im Rahmen einer »Schulbegleitforschung« zu fördern.[116]

3. Frauenthemen müssen in allen Unterrichtsfächern in den Rahmenrichtlinien stehen. Schulbücher müssen den Realitäten von Mädchen beziehungsweise Frauen Rechnung tragen und einen männlichen Erklärungsansatz vermeiden. Frauen dürfen nicht auf ihre Hausfrauenrolle festgelegt werden oder unter den gängigen Schönheitsidealen abgebucht werden. Schule braucht

mehr positive »Rollenvorbilder«, sowohl auf weiblicher Seite – in Form von mehr Frauen in Leitungspositionen – als auch auf der Seite der Männer, die Jungen vorleben, was es bedeutet, Konflikte gewaltfrei zu lösen und Gefühle zu zeigen.

4. Die Umsetzung dieser Vorschläge ist nur möglich, wenn Lehrerinnen und Lehrer für die Thematik sensibilisiert sind. Das bedeutet einen hohen Aufwand an Fortbildungsmaßnahmen. Doch nur mit einer solchen Unterstützung sind Lehrkräfte wirklich in der Lage, zu einer echten Gleichberechtigung und einem konfliktfreien Miteinander der Geschlechter beizutragen.
5. Letztendlich geht es um ein Umdenken in der Gesellschaft. Die große Chance, aber auch die Aufgabe der Schule ist es, dieses zu unterstützen und dort, wo die Ansätze noch fehlen, in Gang zu setzen. Schule heute darf sich nicht alleine auf reine Wissensvermittlung beschränken. Gerade soziale Verhaltensweisen, insbesondere solche, die ein geschlechtssensibles Handeln einschließen, dürfen in den Lehrplänen nicht länger fehlen.

Wenn es der Schule in Zukunft gelingen sollte, die Stärken der Mädchen unbeschadet über die Pubertät zu bringen, und Jungen die Angst vor Gefühlen und Empfindsamkeit zu nehmen, haben nicht nur die Mädchen und Jungen viel gewonnen.

8. Anmerkungen

1. M. Hempel: Die Koedukationsdebatte – eine »nichtwestliche« Perspektive. GEW-Frauen, Texte zur neuen Koedukationsdebatte. 1994
2. American Association of University Women: Shortchanging Girls, Shortchanging America. Full Data Report. Washington D.C. 1990. Zitiert nach Peggy Orenstein: Schoolgirls. New York 1994
3. Uta Enders-Dragässer: Schulischer Sexismus in der Bundesrepublik. RdJB, Heft 1/1988
4. Dale Spender: Mit Agressivität zum Erfolg. Über den doppelten Standard, der in Klassenzimmern operiert. In: Tömmel-Plötz: Frauen kommen nicht vor. Frankfurt 1985
5. Maria Anna Kreienbaum: Vortrag bei einer Fortbildungsveranstaltung für LehrerInnen in Niedersachsen, veranstaltet vom Niedersächsischen Landesinstitut für Lehrerfortbildung, Lehrerweiterbildung und Unterrichtsforschung 1991
6. Ilse Ridder-Melchers: Aus der Rede der Ministerin für die Gleichstellung von Frau und Mann, NRW, anläßlich der Pressekonferenz zu den Ergebnissen des Modellprojektes »Erweiterung sozialer Kompetenzen bei Mädchen und Jungen« am 21. Oktober 1994 an der Universität Bielefeld.
7. Sekretariat der Ständigen Konferenz der Kultusminister der Länder in der Bundesrepublik Deutschland: Darstellung von Mann und Frau in Schulbüchern (Beschluß der Kultusministerkonferenz vom 21. 11. 1986)
8. Zahlen vom März 1995 vom Kultusministerium NRW. Grundlage der Erhebung sind Lehrerinnen und Lehrer mit Schullei-

terbesoldungsgruppen. Es kann daher auf geringfügige Abweichungen zu tatsächlich ausgeübten Schulleitungspositionen kommen.

9. Maria Anna Kreienbaum, a.a.O.
10. Maria Anna Kreienbaum, ebenda
11. V. Slupik: Rechtliche Probleme der Diskriminierung von Mädchen und Frauen in der Schule. In: Brehmer/Enders-Dragässer, 1984
12. Friederike Holz-Ebeling und Sabine Hansel: Gibt es Unterschiede zwischen Schülerinnen in Mädchenschulen und koedukativen Schulen? In: Psychol. Erz., Unterr. 40. Jg., S. 21–33, 1993
13. Friederike Holz-Ebeling und Sabine Hansel, ebenda
14. Maria Anna Kreienbaum: Lebens- und Karrierepläne – eine Absolventinnenstudie. Pilotstudie im Rahmen ihrer Habilitation. In: GEW-Reader zu Koedukationstagung 1994
15. Heidy Wienekamp: Mädchen im Chemieunterricht. Westorp-Wiss., Essen 1990
16. Heidy Wienekamp, ebenda
17. Dave Ebbut: Science Options in a Girls' Grammar School. In: A. Kelly: The Missing Half. Manchester University Press 1981, zitiert nach Heidy Wienekamp, a.a.O.
18. E. Lage: Boys, girls and macrocomputing. In: European Journal of Psychology of Education, 6 (1) 1991, zitiert nach J. Ebach: Der Rückgang des Frauenanteils in der Informatik – Überlegungen zu möglichen Ursachen aus psychologischer Sicht. In: igf-Frauenforschung 3/1991
19. Ursula Scheu: Wir werden nicht als Mädchen geboren, wir werden dazu gemacht. Frankfurt a. M. 1983
20. Ursula Morf-Rohr: Zur Frau geboren – zur Frau erzogen? In: C. Köppel und R. Sommerauer: Frau – Realität und Utopie. Zürich 1984, S. 27–45. Vergl. auch: Christa Bast: Weibliche Autonomie und Identität. Weinheim/München 1988
21. Herrad Schenk: Geschlechtsrollenwandel und Sexismus, Weinheim/Basel 1979, zitiert nach: Hildegard Macha: Mädchen und Jungenerziehung in der Familie. In: igf-Frauenforschung 3/1991

22. Goodmann und Lever, zitiert nach Ursula Scheu, a.a.O.
23. Heidy Wienekamp, a.a.O.
24. R. Fauser und N. Schreiber: Jugendliche, Computer und Bildung. In: Studien zu Bildung und Wissenschaft Nr. 77, Bad Honnef 1989. Zitiert nach: J. Ebach, a.a.O.
25. Monika Sklorz-Weiner: Zur Bedeutung geschlechtsspezifischer Sozialisationsunterschiede für die Entwicklung von Interessen. In: ifg-Frauenforschung 4/1991
26. Bettina Hannover: Spontanes Selbstkonzept und Pubertät. Zur Interessenentwicklung von Mädchen koedukativer und geschlechtshomogener Schulklassen. In: Bildung und Erziehung 45, zitiert nach: J. Ebach, a.a.O.
27. P.J. Möbius: Über die Anlage zur Mathematik, Leipzig 1907, zitiert nach: Ulrike Schätz in ihrem Referat »Begabungsunterschiede zwischen Jungen und Mädchen?«, gehalten auf dem Kongreß »Frauen in Bayern« der Bayerischen Staatsregierung, 3. und 4. März 1994
28. Margaret Alic: Hypatias Töchter, Zürich 1987, zitiert nach: Heidy Wienekamp, a.a.O.
29. C. Kerner: Lise Meitner, Atomphysikerin. Die Lebensgeschichte der Lise Meitner. Weinheim/Basel 1986, zitiert nach: Heidy Wienekamp, a.a.O.
30. G. Fritz: Das Zeitalter der Verweiberung, Darmstadt und Leipzig 1930, zitiert nach: Heidy Wienekamp, a.a.O.
31. H.J. Gramm (Hrsg.): Führung und Verführung, Frankfurt a.M. 1984, zitiert nach: Heidy Wienekamp, a.a.O. Der Großteil des geschichtlichen Exkurses beruht auf der Dissertation von Heidy Wienekamp, Oldenburg, veröffentlicht wie a.a.O. angegeben.
32. Christine Roloff: Weiblicher Sachverstand und Technikkompetenz oder: Die stereotype Unverträglichkeit. In: ifg-Frauenforschung 4/1991
33. Judith Ebach: Der Rückgang des Frauenanteils in der Informatik. Überlegungen zu möglichen Ursachen aus psychologischer Sicht. In: ifg-Frauenforschung 3/1991
34. vgl. Kaue 1986, Schwank 1989, zitiert nach: Judith Ebach, a.a.O.

35. Ch. Schiersmann: Geschlechtstypische Unterschiede beim Zugang zum Computer, zitiert nach: Judith Ebach, a.a.O.
36. M. Henning und A. Jardim: Frau und Karriere. Reinbeck 1978, zitiert nach: Marianne Horstkämper: Wie weiter mit der Koedukation? In: Arbeitsgruppe Koedukation (Hrsg.): WIS Arbeitsbericht 1993 (Wissenschaftliches Institut für Schulpraxis Bremen)
37. Marianne Horstkämper, a.a.O.
38. Marianne Horstkämper, a.a.O.
39. Zum Thema Chakras und Yin und Yang vgl. Judith Anodea: Wheels of Life, St. Paul 1989 und Ulli Olvedi: Evolution des Bewußtseins, München 1986
40. Klaus Hurrelmann: Junge Frauen: sensibler und selbstkritischer als junge Männer. In: Pädagogik, Heft 7–8/91, zitiert nach: Marianne Horstkämper, a.a.O.
41. Ulli Olvedi, a.a.O.
42. Elizabeth Debold, Idelisse Malavé, Marie Wilson: Die Mutter-Tochter-Revolution. Reinbeck 1994
43. Carol Gilligan, zitiert nach: Elizabeth Debold et al., a.a.O.
44. Elizabeth Debold et al., a.a.O. (vgl. auch Tanner, J.M. 1972)
45. Monika Weiderer: Das Frauen- und Männerbild im deutschen Fernsehen. Eine inhaltsanalytische Untersuchung der Programme von ARD, ZDF und RTLplus, Regensburg 1993
46. Monika Weiderer: Frauen und Männer im deutschen Fernsehen. In: Die Frau in unserer Zeit, 24. Jahrgang 1/95, S. 21ff.
47. Monika Weiderer, ebenda, a.a.O.
48. Barbara Friedrichs: Frauen in den Medien: In: Die Frau in unserer Zeit. S. 28ff. Heft 1/1995 24. Jahrgang, Heft 1/1995, S. 28ff.
49. Barbara Friedrichs, ebenda
50. Uta Enders-Dragässer: Schulischer Sexismus in der Bundesrepublik, RdJB Heft 1/1988
51. Marianne Horstkämper, a.a.O.
52. vgl. auch: B. Ehrenreich, D. English: For her Own Good: 150 Years of the Experts' Advice to Women, New York 1979
53. Elizabeth Debold et al., a.a.O.
54. Elizabeth Debold et al., a.a.O.

55. L. Jaffee: Pivotal Years, zitiert nach Peggy Orenstein, a.a.O.
56. Peggy Orenstein, a.a.O.
57. Minnesota Women's Fund: Reflections of Risk und AAUW: Shortchanging Girls, Shortchanging America: Executive Summary, zitiert nach: Peggy Orenstein: Schoolgirls, a.a.O.
58. Uta Enders-Dragässer: Jungensozialisation in der Schule. Herausgegeben von Gemeindedienste und Männerarbeit der ev. Kirche in Hessen und Nassau, Darmstadt 1990
59. Uta Enders-Dragässer, ebenda
60. zitiert nach: Inge Traxler: Mangelware Mann – Kinder in Frauenhand. In: Erziehung und Wissenschaft 4/94
61. zitiert nach: Inge Traxler, ebenda
62. zitiert nach: Inge Traxler, ebenda
63. Uta Enders-Dragässer, a.a.O.
64. Carol Hagemann-White: Sozialisation: Weiblich – männlich? Herausgegeben von der Sachverständigenkommission, Opladen 1984
65. Uta Enders-Dragässer, a.a.O.
66. Dieter Schnack und Rainer Neutzling: Kleine Helden in Not. Jungen auf der Suche nach Männlichkeit, Reinbek 1990
67. Michael Rutschky: Nichts als Helden. Der Mann erobert die Werbung? Zeitmagazin 10/1994, S. 12ff.
68. Deutsche Gesellschaft für Ernährung e.V. (Hrsg.): Ernährungsbericht 1992
69. Dieter Schnack und Rainer Neutzling, a.a.O.
70. Uta Enders-Dragässer, a.a.O.
71. Monika Barz, Susanne Maier-Störmer: Schlagen und geschlagen werden. In: Brehmer (Hrsg.): Sexismus in der Schule, Weinheim 1982, zitiert nach: Uta Enders-Dragässer, a.a.O.
72. Monika Barz, ebenda
73. Uta Enders-Dragässer, a.a.O.
74. Dieter Schnack und Rainer Neutzling, a.a.O.
75. Arnold Langenmeyer: Die traditionelle Mädchenrolle als Grund für die seltenere Vorstellung von Mädchen in Erziehungsberatungsstellen? In: Psychologie, Erziehung, Unterricht. München 1987, zitiert nach: Dieter Schnack und Rainer Neutzling, a.a.O.

76. Statistisches Bundesamt, Wiesbaden (Hrsg.): Schuljahr 1993/94
77. Reinhard Walter und Helmut Remschmidt: Untersuchung zur Prävalenz psychischer Auffälligkeiten bei Schulkindern. Eine epidemologische Untersuchung. Abschlußbericht an das BMJFG, Marburg 1989. Vgl. auch Dieter Schnack und Rainer Neutzling, a.a.O.
78. Andreas Lehmann-Wermser: Jungen und Mädchen in der Schule – (k)ein Diskussionsthema? In: SchulVerwaltung NI 5/94, Hannover
79. Statistisches Bundesamt, Wiesbaden (Hrsg.): Strafverfolgung 1991. Wiesbaden 1993
80. Bundeskriminalamt: Polizeilich registrierte Straftätige, Wiesbaden 1993
81. Anne Huschens: Gewalt gegen Mädchen an Schulen. ›Reizgas in der Mädchentoilette‹. In: bildung und wissenschaft, GEW Landesverband Baden-Württemberg, Januar 1994
82. Barbara Kavemann: Gewalt gegen Mädchen findet auch in der Schule statt. In: Gewalt gegen Mädchen an Schulen, herausgegeben von der Senatsverwaltung für Arbeit und Frauen, Berlin 1992, zitiert nach: Anne Huschens, a.a.O.
83. Uta Enders-Dragässer: Interaktionen der Geschlechter. Sexismusstrukturen in der Schule. Weinheim 1989
84. Uta Enders-Dragässer, ebenda
85. Uta Enders-Dragässer, ebenda
86. Elizabeth D. McCarthy et al.: Violence and Behavior Disorders. In: Journal of Communication. 1975. Diese Studie sowie die übrigen Studien über den Zusammenhang von Gewalt und Fernsehen zitiert nach: de Jong, Theresia Maria: Fernsehkinder – Sie sitzen in der ersten Reihe und lernen Gewalt aus zweiter Hand. In: Kinder 5/1994
87. Staatsanwaltschaft Koblenz: Aktenzeichen 102 Js 12968/92
88. Urteil des Amtsgerichts Montabaur vom 1.6. 1994
89. Leserbrief in der Westerwälder Zeitung vom 3.6. 1994
90. Uta Enders-Dragässer: Jungenarbeit aus Frauensicht – am Beispiel Schule. In: Texte zur neuen Koedukationsdebatte, GEW-Bundesverband 1994

91. Uta Enders-Dragässer, ebenda
92. Lore Hoffmann et al.: BLK-Modellversuch: Chancengleichheit – Veränderung des Anfangsunterrichts Physik/Chemie unter besonderer Berücksichtigung der Kompetenzen und Interessen von Mädchen. 1. Sachbericht. IPM, Kiel 1992
93. Lore Hoffmann, ebenda, 4. Sachbericht (Abschlußbericht). IPM, Kiel März 1995
94. Christin Grohn-Menard gab diesen Bericht als Referat auf einer Tagung der GEW zum Thema Koedukation in Hamburg im November 1994. Er ist auch im Tagungsreader nachzulesen.
95. Christin Grohn-Menard zitiert hier sinngemäß Mathilde Vaerting, die von 1912 – 1923 als Mathematiklehrerin in Neukölln arbeitete und dann nach langen Widerständen seitens der Universität Jena Professorin für Pädagogik wurde.
96. Projekt »Erweiterung sozialer Kompetenz bei Mädchen und Jungen«, gefördert vom Ministerium für die Gleichstellung von Frau und Mann des Landes Nordrhein-Westfalen
97. Hannelore Faulstich-Wieland und Andrea Tenorth: Koedukation. Herausgegeben von der Professur für Frauenforschung der Universität Münster, 1993
98. Hannelore Faulstich-Wieland und Andrea Tenorth, ebenda
99. Marianne Horstkämper: »Warum nicht gleich eine Schule für Blauäugige und eine für Braunäugige?« Die Koedukationsdebatte ist doch noch aktuell. In: Pädagogik, Heft 9/1994
100. Marianne Horstkämper, ebenda
101. vgl. Marianne Horstkämper und Rita Wirrer: Licht und Schatten der Koedukation. In: UniPrisma 6 (Zeitschrift der Universität Koblenz-Landau) April 1993. Vgl. auch: Margret Kraul und Rita Wirrer: Die Einführung der Koedukation: pädagogische oder pragmatische Begründung? In: Die Deutsche Schule Heft 85, 1993
102. Marianne Horstkämper und Rita Wirrer, a.a.O.
103. Margret Kraul und Rita Wirrer, a.a.O.
104. Boston's Women Health Collective: Unser Körper, unser Leben. Ein Handbuch von Frauen für Frauen. Hamburg 1980

105. Christa Wanzeck-Sielert: Wendo – ein Selbstbehauptungs- und Selbstverteidigungstraining in der Schule. In: Maria Anna Kreienbaum (Hrsg.): Was ist eine gute Schule, Weinheim 1993
106. Christa Wanzeck-Sielert, ebenda
107. The Boston Women's Health Book Collective, a.a.O.
108. Elizabeth Debold et al., a.a.O.
109. Christel Kottmann-Mentz: Mädchengruppe. Mehr als Gewaltprävention – Ein kreativer Prozeß zur Selbstfindung. In: Reader Koedukation der GEW-Tagung im November 1994
110. Ursula Rieger (Pädagogisches Zentrum Berlin): Zwischenbericht des Projektes »Gewalt gegen Mädchen« an Weddinger Schulen
111. Karin Flaake: Weibliche Identität und Arbeit in der Schule. Das unterschiedliche Verhältnis von Lehrerinnen und Lehrern zu ihrem Beruf. In: S. Giesche und D. Sachse (Hrsg.): Frauen verändern Lernen, Kiel 1988, zitiert nach: Ursula Rieger, a.a.O.
112. Elizabeth Debold et al., a.a.O.
113. vgl. Uta Enders-Dragässer: Women and Education: A European Survey. In: Reader Koedukation der GEW, vgl. auch: Report on Gender Equality in Education, gehalten am 10. Juni 1994 vor der Parlimentary Assembly des Council of Europe von Leni Robert, Schweiz.
114. Ilse Brehmer: Projekt: Erweiterung sozialer Kompetenz bei Mädchen und Jungen, gefördert vom Ministerium für die Gleichstellung von Frau und Mann des Landes Nordrhein-Westfalen. Veröffentlichung der Pressestelle des Ministeriums 1994
115. ebenda
116. Hilke Emig: Diskussionspapier für die »Länderübergreifende Projektgruppe Chancengleichheit von Mädchen und Jungen in der Schule«, GEW-Reader Koedukation, Frankfurt 1994

9. Literaturverzeichnis

Alic, Margaret: Hypatias Töchter. Zürich 1987

American Association of University Women: Shortchanging Girls, Shortchanging America. Full Data Report. Washington, D.C., 1990

Anodea, Judith: Wheels of Life. St. Paul, MN, 1989

Barz, Monika; Maier-Störmer, Susanne: Schlagen und geschlagen werden. In: Brehmer (Hrsg.): Sexismus in der Schule. Weinheim 1982

Boston's Women Health Collective: Unser Körper, unser Leben. Ein Handbuch von Frauen für Frauen. Hamburg 1980

Brehmer, Ilse: Projekt »Erweiterung sozialer Kompetenz bei Mädchen und Jungen«. Herausgegeben vom Ministerium für die Gleichstellung von Frau und Mann des Landes Nordrhein-Westfalen

Bundeskriminalamt: Polizeilich registrierte Straftätige. Wiesbaden 1993

Debold, Elizabeth; Malavé, Idelisse; Wilson, Marie: Die Mutter-Tochter-Revolution. Reinbek 1994

Ebach, Judith: Der Rückgang des Frauenanteils in der Informatik – Überlegungen zu möglichen Ursachen aus psychologischer Sicht. In: igf-Frauenforschung 3/1991

Ebbut, Dave: Science Options in a Girls' Grammar School. In: A. Kelly. The Missing Half. Manchester 1981

Emig, Hilke: Diskussionspapier für die »Länderübergreifende Projektgruppe Chancengleichheit von Mädchen und Jungen in der Schule«. In: GEW-Reader Koedukation. Frankfurt 1994

Enders-Dragässer, Uta: Report on Gender Equality in Education, gehalten am 10. Juni 1994 vor der Beratenden Versammlung des Europarats

Enders-Dragässer, Uta: Interaktionen der Geschlechter. Sexismusstrukturen in der Schule. Weinheim 1989

Enders-Dragässer, Uta: Jungensozialisation in der Schule. Herausgegeben von: Gemeindedienste und Männerarbeit der ev. Kirche in Hessen und Nassau. Darmstadt 1990

Enders-Dragässer, Uta: Schulischer Sexismus in der Bundesrepublik. In: RdJB, Heft 1/1988

Enders-Dragässer, Uta: Women and Education: A European Survey. In: GEW-Reader Koedukation. Frankfurt 1994

Enders-Dragässer, Uta: Jungenarbeit aus Frauensicht – am Beispiel Schule. In: Texte zur neuen Koedukationsdebatte, herausgegeben von GEW-Bundesverband. Frankfurt 1994

Faulstich-Wieland, Hannelore; Tenorth, Andrea: Koedukation. Herausgegeben von der Professur für Frauenforschung der Universität Münster. Münster 1993

Fauser, R.; Schreiber, N.: Jugendliche, Computer und Bildung. In: Studien zu Bildung und Wissenschaft Nr. 77. Bad Honnef 1989

Friedrichs, Barbara: Frauen in den Medien. In: Die Frau in unserer Zeit, S. 28 ff., Heft 1/1995

Grohn-Menard, Christin: Referat auf der GEW-Tagung zum Thema Koedukation in Hamburg im November 1994

Hagemann-White, Carol: Sozialisation: Weiblich – männlich? Opladen 1984

Hempel, M.: Die Koedukationsdebatte – eine »nichtwestliche« Perspektive. In: GEW-Frauen, Texte zur neuen Koedukationsdebatte. 1994

Hoffmann, Lore et al.: BLK-Modellversuch »Chancengleichheit – Veränderung des Anfangsunterrichts Physik/Chemie unter besonderer Berücksichtigung der Kompetenzen und Interessen von Mädchen«. 1. und 4. Sachbericht. IPM, Kiel 1992

Holz-Ebeling, Friederike; Hansel, Sabine: Gibt es Unterschiede zwischen Schülerinnen in Mädchenschulen und koedukativen Schulen? In: Psychol. Erz., Unterr. 40/1993, S. 21–33

Horstkämper, Marianne; Wirrer, Rita: Licht und Schatten der Koedukation. In: UniPrisma, 6. April 1993
Horstkämper, Marianne: Warum nicht gleich eine Schule für Blauäugige und eine für Braunäugige? Die Koedukationsdebatte ist doch noch aktuell. In: Pädagogik, Heft 9/1994
Horstkämper, Marianne: Wie weiter mit der Koedukation? Herausgegeben von der Arbeitsgruppe Koedukation, WIS Arbeitsbericht 1993
Hurrelmann, Klaus: Junge Frauen – sensibler und selbstkritischer als junge Männer. In: Pädagogik, Heft 7–8/91
Huschens, Anne: Gewalt gegen Mädchen an Schulen. Reizgas in der Mädchentoilette. In: bildung und wissenschaft, Januar 1994, GEW-Landesverband Baden-Württemberg
de Jong, Theresia Maria: Fernsehkinder – Sie sitzen in der ersten Reihe und lernen Gewalt aus zweiter Hand. In: Kinder 5/1994
Kavemann, Barbara: Gewalt gegen Mädchen findet auch in der Schule statt. In: Gewalt gegen Mädchen an Schulen. Herausgegeben von der Senatsverwaltung für Arbeit und Frauen, Berlin 1992
Kottmann-Mentz, Christel: Mädchengruppe. Mehr als Gewaltprävention – Ein kreativer Prozeß zur Selbstfindung. In: GEW-Reader Koedukation. Frankfurt 1994
Kraul, Margret; Wirrer, Rita: Die Einführung der Koedukation – pädagogische oder pragmatische Begründung? In: Die Deutsche Schule, Heft 85/1993
Kreienbaum, Maria Anna: Lebens- und Karrierepläne – eine Absolventinnenstudie. Pilotstudie im Rahmen ihrer Habilitation. In: GEW-Reader zur Koedukation. Frankfurt 1994
Kreienbaum, Maria Anna: Vortrag bei einer Fortbildungsveranstaltung für Lehrerinnen in Niedersachsen, veranstaltet vom Niedersächsischen Landesinstitut für Lehrerfortbildung, Lehrerweiterbildung und Unterrichtsforschung 1991
Kreienbaum, Maria Anna et al.: Was ist eine gute Schule? Weinheim 1993
Lehmann-Wermser, Andreas: Jungen und Männer in der Schule – (K)ein Diskussionsthema? In: SchulVerwaltung NI, 5/94

Macha, Hildegard: Mädchen und Jungenerziehung in der Familie. In: igf-Frauenforschung 3/1991
Morf-Rohr, Ursula: Zur Frau geboren – zur Frau erzogen? In: Köppel, C.; Sommerauer, R.: Frau – Realität und Utopie. Zürich 1984
Bast, Christa: Weibliche Autonomie und Identität. Weinheim/München 1988
Olvedi, Ulli: Evolution des Bewußtseins. München 1986
Ridder-Melchers, Ilse: Rede der nordrhein-westfälischen Ministerin für die Gleichstellung von Frau und Mann anläßlich der Pressekonferenz zu den Ergebnissen des Modellprojektes »Erweiterung sozialer Kompetenzen bei Mädchen und Jungen« am 21. Oktober 1994 an der Universität Bielefeld
Rieger, Ursula (Pädagogisches Zentrum Berlin): Zwischenbericht des Projektes »Gewalt gegen Mädchen« an Weddinger Schulen
Roloff, Christine: Weiblicher Sachverstand und Technikkompetenz oder: Die stereotype Unverträglichkeit. In: ifg-Frauenforschung 4/1991
Rutschky, Michael: Nichts als Helden. Der Mann erobert die Werbung? In: Zeitmagazin 10/1994
Schätz, Ulrike: Referat »Begabungsunterschiede zwischen Jungen und Mädchen?«, gehalten auf dem Kongreß »Frauen in Bayern« der Bayerischen Staatsregierung, 3. und 4. März 1994
Schenk, Herrad: Geschlechtsrollenwandel und Sexismus. Weinheim/Basel 1979
Scheu, Ursula: Wir werden nicht als Mädchen geboren, wir werden dazu gemacht. Frankfurt a. M. 1983
Schnack, Dieter; Neutzling, Rainer: Kleine Helden in Not. Jungen auf der Suche nach Männlichkeit. Reinbek 1990
Sekretariat der Ständigen Konferenz der Kultusminister der Länder in der Bundesrepublik Deutschland: Darstellung von Mann und Frau in Schulbüchern
Sklorz-Weiner, Monika: Zur Bedeutung geschlechtsspezifischer Sozialisationsunterschiede für die Entwicklung von Interessen. In: ifg-Frauenforschung 4/1991
Slupik, Vera: Rechtliche Probleme der Diskriminierung von Mädchen und Frauen in der Schule: In: Brehmer/Enders-Dragässer 1984

Spender, Dale: Mit Aggressivität zum Erfolg – Über den doppelten Standard, der in Klassenzimmern operiert. In: Tömmel-Plötz: Frauen kommen nicht vor. Frankfurt 1985

Statistisches Bundesamt: Strafverfolgung 1991. Wiesbaden 1993

Statistisches Bundesamt: Schuljahr 1993/94. Wiesbaden 1994

Traxler, Inge: Mangelware Mann – Kinder in Frauenhand. In: Erziehung und Wissenschaft 4/94

Wanzeck-Sielert, Christa: Wendo – ein Selbstbehauptungs- und Selbstverteidigungstraining in der Schule. In: Wanzeck-Sielert, Christa (Hrsg.): Was ist eine gute Schule? Weinheim 1993

Weiderer, Monika: Das Frauen- und Männerbild im deutschen Fernsehen. Eine inhaltsanalytische Untersuchung der Programme von ARD, ZDF und RTLplus. Regensburg 1993

Weiderer, Monika: Frauen und Männer im deutschen Fernsehen. In: Die Frau in unserer Zeit 1/95, S. 21 ff.

Wienekamp, Heidy: Mädchen im Chemieunterricht. Essen 1990